Dieter Ditscheid
Der Römer aus Pompeji

Dieter Ditscheid

Der Römer aus Pompeji

Rediroma-Verlag

Bibliografische Information der Deutschen Nationalbibliothek:
Die Deutsche Nationalbibliothek verzeichnet diese Publikation in der Deutschen Nationalbibliografie; detaillierte bibliografische Daten sind im Internet über http://portal.dnb.de abrufbar.

ISBN 978-3-98527-911-1

www.rediroma-verlag.de
12,95 Euro (D)

Über den Autor:
Mein Hobby ist schon seit langen Jahren die Archäologie. Ich habe vor meiner Pensionierung als Lehrer und Dozent im kaufmännischen Bereich unterrichtet. Mich fasziniert das Leben in römischer Zeit und beschloss, einen Roman zu schreiben, der sich an dem Hintergrund der damaligen geschichtlichen Ereignisse orientiert.

Ich danke meiner Lebensgefährtin Martina Düren, die mich in jeder Phase meines Schreibens unterstützt hat. Ihr Kommentar, den sie zwischendurch bei dem Lesen meines Romans abgegeben hat, motivierte mich immer wieder, weiter in diesem Stil zu schreiben.

Dieser Roman orientiert sich an den wahren Begebenheiten von 60 n. Chr. bis 105 n. Chr. Nur den Abschnitt über die neunte Legion hab ich um 10 Jahre früher angelegt, sonst hätte der Ablauf in meiner Geschichte nicht gepasst.

Die Anhänge im Register sind teilweise von Google
und Wikipedia entnommen und von mir bearbeitet worden.

Inhalt

Prolog

Das Werk war nun fast vollendet. Welche Anstrengungen hatte er unternommen, seit er diese Felswand im Tal gesehen hatte. Die besten Steinmetze aus [1]Mogontiacum erhielten von ihm den Auftrag, sein Grabmonument aus diesem natürlichen Felsen ausarbeiten zu lassen. Er hatte den Arbeitern genaue Anweisungen gegeben, wie seine letzte Ruhestätte aussehen sollte.

Das Grabmal hatte einen gestuften Unterbau, ein quaderförmiges Sockelgeschoß und darüber folgendem Oberbau. Ein den Sockel vom Oberbau trennendes Gesims war nicht vorhanden, der horizontale Teil des dreiseitigen Rahmens um die Nischen nahm diese Funktion wahr. Die Höhe betrug annähernd fünfzehn Fuß und das Ganze sah schon sehr monumental aus. An gehauenem Bilderschmuck hatte er nicht sparen lassen.

In den beiden seitlichen Nischen an der Front war in einem rechteckigen Feld jeweils ein Lorbeerbaum dargestellt. In der mittigen Nische hatte er das Zeichen seiner Legion einmei ßeln lassen, einen [2]Capricornus mit ausgestreckten Vorderbeinen und einem geringelten Fischleib. Im Oberbau ließ er Attisdarstellungen in den Fels meißeln, den sterbenden und wiedergeborenen Frühlingsgott, Geliebter der Magna Mater, die Mutter allen Lebens und Beschützerin des Wachstums.

Es sollte ein Bekenntnis an seine Jugend sein, die er auf dem Landgut seines Vaters verbracht hatte.

Dieser weihte ihn schon frühzeitig in seine Geschäfte ein,

---

[1] römischer Name von Mainz

[2] Legionsfeldzeichen

damit er später die Führung übernehmen könnte. Es stellte sich heraus, dass er mit seinen neunzehn Jahren schon gut zu verhandeln verstand und das Beste für ihr Landgut erarbeitete. Damit er auch in der Führung von Waffen sicher war, ließ ihn sein Vater in Pompeji zusätzlich in der Gladiatorenschule ausbilden. So ausgerüstet, freute er sich schon auf die Zeit, wo er in die Fußstapfen seines Vaters treten würde. Aber mit Wehmut dachte er an den Tag zurück, an dem seine Mutter und seine einzige Schwester zu Tode kamen. Sie waren damals zum Einkaufen nach Pompeji gefahren, seine Mutter suchte damals für sich und ihre Tochter neue Stola und Tunika. Da erschütterte ein größeres Erdbeben die Stadt und beide wurden durch herabfallende Trümmer erschlagen. Sein Vater stürzte sich danach noch tiefer in seine Arbeit, um seine Trauer zu ertragen. Er dagegen ließ sich Zeit für seine Trauer und redete sich ein, dass die Verstorbenen jetzt ein gutes Leben bei den Göttern führten.

Wie lange stand er schon hier, er konnte sich nicht erinnern. Seine Gedanken, er spürte jetzt einen bitteren Geschmack auf seiner Zunge, führten ihn zurück an den Zeitpunkt seiner Entlassung als 55jähriger aus dem Militärdienst vor 4 Jahren. In vielen Ländern hatte er gekämpft bis er gegen Ende seines Dienstes in der Garnisonsstadt Mogontiacum als [1]Legatus eingesetzt wurde.

Er, der kleine Junge aus Pompeji, der es bis zum Legatus gebracht hatte. Nach dem Abschied von seinem Dienst hatte sich Romulus dieses Stück Land ausgesucht, um hier mit seiner Frau Flavia nach all seinen Kampfeinsätzen in der Legion den Rest des gemeinsamen Lebens zu genießen. Bei der

[1] Führer einer Legion

Verfolgung von einer Horde versprengter [1]Vangionen, die einen Überfall auf den [2]Vicus [3]Cruciniacum angezettelt hatten, war Romulus hier vorbeigekommen. Diese kleine Anhöhe mit dem schönen Flusstal gefiel ihm von Anfang an. Damals nahm er sich vor, später hier zu leben. Auch deshalb, weil er mittlerweile viele Verbindungen zu den Menschen innerhalb und außerhalb von [4]Mogontiacum knüpfen konnte. Seinen Gutshof ließ er sich hier auf dieser Anhöhe in verkleinerter Form nach dem Abbild des zerstörten Gutes seines Vaters Aulus bei Pompeji bauen. Ihr Gutshof war bis Rom bekannt für guten Wein, bestes Olivenöl und große Getreidelieferungen.

Es wurde langsam Zeit für Romulus, sich nach Hause zu begeben. Er konnte sich nicht mehr erinnern, wie lange er hier gesessen hatte und über seine Vergangenheit nachdachte. Seine Söhne und deren bester Freund Ragin waren ihm zu der Legion gefolgt, indem sie sich auch für eine Militärlaufbahn in Mogontiacum entschieden hatten. Als Legatus war er ihnen eine gute Hilfe gewesen. Seinen Freund Rufus musste er leider damals in Britannien lassen, aber Claudia lebte nun mit Amilius, einem guten Freund von Rufus, in ihrem alten Haus in Mogontiacum Rufus Sohn Diomedis lebte auf seinem Landgut. Ihn hatte er frühzeitig zu seinem Gutsverwalter ausbilden lassen.

Das raue Klima hier in Germanien war nicht zu vergleichen mit dem milden Wetter in Pompeji. Der letzte Tag in seiner

---

[1] Germanenstamm, der im heutigen Worms ansässig war

[2] römische Siedlung

[3] römischer Name von Bad Kreuznach

[4] römischer Name von Mainz

Stadt hatte sich unauslöschlich in seinem Gedächtnis verankert …

Aufbruch zu neuen Ufern

„Romulus, Romulus“, sein Vater holte ihn unsanft aus dem Schlaf. Er hatte die vergangene Nacht sehr unruhig geschlafen. Wilde Träume raubten ihm den Schlaf und er fühlte, dass etwas Unabwendbares auf ihn zukommen würde……… Aber, er könnte sich doch in Sicherheit fühlen. Sein Vater nannte ein großes Landgut sein Eigen, viele Sklaven verrichteten Tag und Nacht ihre Arbeit und Romulus konnte oft seine Tage mit Müßigkeit verbringen.

Ihre Landvilla hatte die Form eines großen T´s. Die rechte Hälfte des T-Balkens war durch das Badebassin viel breiter und länger. Eine breite Treppe führte am T-Fuß zu dem langen Korridor, der mit Säulen umgeben war. Rechts und links hinter den Säulen waren die kleinen Räume der Diener und Haussklaven.

Am Ende des Korridors befand sich das [1]Atrium. Weiter folgte das [2]Tablinum, wo die Gäste empfangen und bedient wurden. Hier waren die Wände mit griechischer Mythologie bemalt, der Boden wies ein atemberaubendes Mosaik auf, wo Zeus mit [3]Leto die Zwillinge Apollon und Artemis zeugte. Die Küche und andere Nebenräume befanden sich in der linken Hälfte. Rechts ging es zu den Gemächern seiner Familie. Auch hier waren die Wände und Böden mit kostbaren Bemalungen und Mosaiken geschmückt.

…….Wenn nicht vorletzte Nacht die Erde gebebt hätte. Viele Bewohner in Pompeji und Umgebung waren sehr beunruhigt

---

[1] zentraler Raum in einem römischen Haus, nach oben offen

[2] römisches Wohnzimmer

[3] Geliebte von Zeus

und die Priester deuteten dieses Ereignis als schlechte Vorzeichen. Vor 7 Jahren hatte schon einmal die Erde gebebt, an jenem Tag verlor er seine Mutter und seine Schwester. Die Schäden von damals waren an vielen Gebäuden noch immer nicht vollständig beseitigt, weil durch die große Erschütterung viele Schäden entstanden waren.

Die Tempel in der Stadt waren gestern gut besucht, besser als an anderen Tagen. Es wurde viel geopfert und die Priester suchten in den Eingeweiden von Stieren nach möglichen Katastrophen.

Waren die Götter vielleicht verstimmt? Es könnte sein, denn die Reichen der Pompejaner lebten in Saus und Braus und scherten sich wenig um die Ärmsten der Armen und den Sklaven. Denn viel war in der heutigen Zeit ein Menschenleben nicht wert.
Romulus versuchte, sich nicht mehr diesen Gedanken hinzugeben und sprang mit einem Satz von seinem Nachtlager. Als wollte er sich dadurch von seinen düsteren Gedanken befreien.
Heute war doch eine große Vorstellung im Amphitheater angesagt und darauf freute er sich schon seit einigen Tagen.
Voller Ungeduld rief Romulus nach seinem nubischen Diener, der ihn in den Badetrakt begleitete. Nach einem ausgiebigen Bad ließ er sich von ihm massieren und kleidete sich an. Zum Frühstück aß er brotartige Fladen, belegt mit Eiern und Ziegenkäse, dazu trank er frische Ziegenmilch.
Danach ließ er sich sein Pferd von seinem Diener satteln und ritt in die Stadt, um dort den Rest des Tages mit seinen beiden Freunden Diomedis und Rufus zu verbringen.
Als er sich unter dem Tor befand und sich noch mal nach

seinem Vater umschaute, der auf der breiten Treppe stand und ihm zuwinkte, überkam ihm wieder das eigenartige Gefühl, das er das alles nie wieder sehen würde. Schnell schüttelte er sich, schalt sich einen Narren und dachte, dass Ahnungen einen täuschen können.

Nach einem schnellen Ritt durch die Morgenluft fühlte sich Romulus wie neugeboren und war jetzt voller Tatendrang. Von weitem sah er schon ein großes Gedränge am Stadttor. Viele Menschen aus der Umgebung drängten heute in die Stadt, auch, weil wegen der Spiele im Amphitheater am Nachmittag jetzt allerhand los war. Als Romulus an der [1]Porta Marina ankam, erblickte er seine Freunde in der Menge, da sie laut seinen Namen riefen.

Romulus sprang vom Pferd, die Freunde umarmten sich stürmisch und jeder wollte die letzten Neuigkeiten loswerden. Nach einer herzlichen Begrüßung brachten sie das Pferd in den Mietsstall, der neben dem Tor lag und drängten sich durch die Menschenmenge, weil sie sich das ungestüme Recht der Jugend nahmen, in Richtung [2]Forum. Das Herz des politischen, religiösen und sozialen Lebens in Pompeji.

Um und auf dem großen, rechteckigen Platz standen viele öffentliche Gebäude, unter anderem der Apollotempel und die [3]Basilika, das wichtigste Haus für die Pompejaner. Es diente als Verwaltungsstelle des Rechts und als Versammlungsort der Kaufleute, die hier ihre geschäftlichen Angelegenheiten

---

[1] Stadttor

[2] Marktplatz

[3] Sitz für Gerichtsverhandlungen und Handelsgeschäfte

regelten. Wie oft war Romulus mit seinem Vater hier gewesen, um Verhandlungen über den Verkauf ihrer landwirtschaftlichen Produkte zu führen und Verträge zu schließen. Der Ruf über den vortrefflichen Geschmack ihres Rebensaftes und der Campanischen Feigen waren bis nach Rom gedrungen. Da ihr Landgut zu den größten der etwa 30 pompejanischen Güter gehörte, sie beschäftigten über 200 Menschen, handelten sie mit den Griechen bis hin zu den Ägyptern und sogar im Norden mit den Galliern. Außerdem betrieben sie den Getreide- und Gemüseanbau und die Herstellung von Olivenöl.

Die Freunde hatten Mühe, sich durch das Gewühl der pulsierenden Menge zu bewegen. „Hey, pass doch auf", rief Rufus einem grobschlächtigen Riesen nach, der ihn beinahe umgeworfen hätte. „Das ist doch Barbus gewesen", sagte Diomedis, „der Gladiatorenkämpfer, der sich bis jetzt in jedem Zweikampf als Sieger hervorhob." „Wir werden ja heute Nachmittag seine nächsten Kämpfe im Amphitheater verfolgen", meinte Romulus, „er ist ein guter Taktiker und hat mir in der Gladiatorenschule schon vieles beigebracht."

Unter den [1]Kolonnaden des Forums boten die Händler ihre Waren an. Die atemberaubende Auswahl ergab sich aus der Größe des römischen Reiches. Nordafrika und Ägypten exportierten Getreide, Metalle kamen von der Iberischen Halbinsel, Luxusartikel aus Griechenland und dem Orient, Töpferwaren und Glas aus Gallien, exotische Tiere aus Afrika und Asien, Leder und Pelze vom Nordrand des Reiches; und natürlich der Platz, auf dem die Sklaven aus den eroberten

---

[1] Säulengang

Gebieten versteigert wurden. Träger des römischen Handels waren in der Regel römische Kaufleute, *mercatores*, die sich meist zu Vereinigungen zusammenschlossen.

Unterwegs und auch hier auf dem Forum bemerkte Romulus, dass die Menschen von einer seltsamen Unruhe befallen waren. Die Händler redeten gereizt auf ihre Kunden ein, viele schimpften und fluchten laut. Seine Freunde indessen alberten unbekümmert in der Menge und schauten den hübschen Frauen nach. So verstrich die Zeit und Romulus meinte: „Gehen wir jetzt in Richtung Amphitheater, das liegt ja am anderen Ende der Stadt und bei diesem Gedränge werden wir einige Zeit brauchen. Auch müssen wir rechtzeitig da sein, um gute Plätze zu bekommen." Auf ihrem Weg kamen sie an den [1]Stabianerthermen vorbei, die zurzeit erneuert wurden. Gestern erst waren die Freunde noch hier in der schon fertig gestellten Wettkampfhalle gewesen und hatten, bevor sie ein ausgiebiges Bad genossen, ihre Geschicklichkeit mit römischen Kurzschwertern aus Holz gemessen, da keiner den anderen ernsthaft verletzen wollten. Romulus war wie immer der Beste von ihnen gewesen. Rufus meinte nach dem Kampf mit Romulus, „beim nächsten Mal bin ich der Gewinner, weil ich dann eine Finte einsetze, die ich bei Barbus gesehen habe." Romulus erinnerte sich an das Gespräch und grinste vor sich hin.

Es war schon um die sechste Stunde, als die Freunde am Amphitheater ankamen. Was herrschte hier ein Gedränge. Jeder wollte die besten Plätze haben. Die riesige Arena bot zwölftausend Zuschauern Platz und dementsprechend ging es laut

---

[1] öffentliches Bad und Sporthalle

zu. In den obersten Reihen, getrennt von den männlichen Zuschauern, saßen die Frauen. In den niedrigsten Stufen rund um die Arena saßen die Vornehmen und die Reichen der Stadt, die Freunde gehörten auch dazu. Von hier aus waren sie dem Geschehen ganz nahe. Oh, wie brodelte es in diesem Hexenkessel, alle waren aufgeregt und die Geräuschkulisse tat fast weh.
Plötzlich verstummte jegliche Unterhaltung, als die Gladiatoren unter Trompetenhall in die Arena einzogen. Langsam und gemessen marschierten sie an den Zuschauerrängen vorbei, damit jeder sie sehen konnte. „Sieh, da ist dieser Barbus", rief Diomedis, „den werden wir im Auge behalten." Nachdem sich die Kämpfer alle zurückgezogen hatten, erklangen wiederum die Trompeten und zwei Gladiatoren betraten die Arena. Es war Barbus, der andere hieß Titus. Dieser war ein Retiarus, der nur eine Tunika trug und mit einem dreizackigen Speer und einem Netz bewaffnet war. Dagegen war Barbus mit Helm, Schwert und Schild bewaffnet, außerdem trug er Beinschienen. Nach dem nächsten Trompetenstoß gingen die beiden in Kampfhaltung. Barbus umging lauernd seinen Gegner, stets das Netz und den Dreizack im Auge behaltend. Titus wartete auf eine Gelegenheit, sein Netz auszuwerfen um damit seinen Gegner in der Bewegung einschränken zu können. Immer wieder täuschte Barbus einen Scheinangriff vor, damit er seinen Gegner in die Reichweite seines Schwertes bekäme. Nach einer weiteren Finte gelang ihm ein Schwertstreich und brachte seinem Gegner eine Verletzung am Wurfarm bei, weil dieser einen Moment lang unachtsam war.

Jetzt erwachten die Zuschauer aus ihrer angespannten Starre und feuerten Barbus lautstark an. Da täuschte der Retiarus kurz einen Netzwurf an, Barbus ließ sich irritieren und fing

sich deshalb durch den Dreispitz eine Streifwunde am Hals ein.
Jetzt tobten die Zuschauer wie rasend und wollten mehr Blut sehen. „Seht ihr“, sagte Romulus zu seinen Freunden, Barbus ist nicht mehr der beste Kämpfer, früher wäre ihm das nicht passiert.“

In diesem Moment, als Barbus wütend einen Gegenstreich ausführen wollte, bebte urplötzlich ringsum der Boden. Der Donner einer gewaltigen Explosion riss die Zuschauer von ihren Sitzen. Verschreckt sahen sie in Richtung des Vulkans, von dem das schreckliche Geräusch ausging. Schon fielen kleine Steine von den Mauern herab und es zeigten sich überall Risse im gesamten Mauerwerk. Ein schweres Beben hatte angefangen und die Zuschauer strömten angsterfüllt und mit lautem Schreien von ihren Plätzen.
Dieses Beben war nicht zu vergleichen mit den leichteren, die in den vergangenen Tagen aufgetreten waren, und die Menschen sehr beunruhigt hatte.
Romulus sah in Richtung des [1]Vesuvs, von dem der Donner zu hören war und erkannte, dass der Berg seinen Gipfel weggesprengt hatte. An seine Stelle war ein Krater getreten, aus dem hohe Feuersäulen aufstiegen. Eine große Wolke aus Staub und Gesteinsbrocken verdunkelten den Tag. Ob Kämpfer oder Zuschauer, jeder suchte jetzt sein Heil in der Flucht. Da die Freunde auf den unteren Rängen Platz genommen hatten, gelangten sie schneller als die meisten an eines der großen Einlasstore. Das Amphitheater war bis zum letzten Platz besetzt und dementsprechend war der brachiale Andrang der Zuschauer auf die Ausgänge unvorstellbar. Jeder versuchte,

---

[1] Vulkan bei Pompeji

der Gefahr zu entkommen.

Romulus und seine Freunde rannten in Richtung [1]Porta Nocera, um so schnell wie möglich aus der Stadt zu kommen. Sie kamen nur langsam vorwärts, weil die Strassen voller Menschen waren und jeder versuchte, seinen nächsten beiseite zu schieben. Nach einer kurzen Zeit prasselten schon vulkanische Asche, Staub und Steine unterschiedlicher Größe auf die Fliehenden herab. Einige Flüchtende wurden so heftig am Körper getroffen, dass sie hinfielen und einfach überrannt wurden. Auch Diomedis ereilte dieses Schicksal und seine beiden Freunde waren nicht mehr in der Lage, ihm zu helfen. Sie wurden von der Menge einfach weiter geschoben. Endlich erreichten sie die Porta Nocera und wähnten sich in Sicherheit. Aber außerhalb der Stadt war das Chaos genau so groß.

Erst jetzt kam den beiden Freunden zu Bewusstsein, dass sie Diomedis tot zurücklassen mussten. Sie umarmten sich und waren nicht imstande, ihrer Trauer genug Raum zu geben. Die Gefahr war noch lange nicht vorüber. Wie ein schwarzgraues Leichentuch legte sich jetzt eine Dunkelheit über die Stadt. Der Ascheregen wurde immer dichter, große Steinbrocken fielen auf die Dächer und brachten die Häuser zum Einsturz.

Nach einem unendlich lang gefühlten Zeitraum trennten sich die beiden voneinander und Rufus sagte: „Ich werde meine Eltern suchen.“ Sein Vater war nämlich ein Freigelassener, der es durch Handel mit Olivenöl und Getreide zu einem angenehmen Reichtum gebracht hatte. Sie bewohnten ein kleines Stadthaus in der Nähe der Porta Ercolano. „Die Götter

---

[1] Stadttor

mögen dich führen!“, antwortete Romulus, „auch ich werde jetzt nach meiner Familie sehen.“

So trennten sich die Beiden und versuchten nach Hause zu kommen. Romulus rannte außerhalb der Stadtmauern in Richtung der Porta Marina, weil er in dessen Nähe sein Pferd in einem Mietstall untergebracht hatte.
Nach einiger Zeit kam Romulus keuchend am Mietstall an und musste mit Erschrecken feststellen, dass das Gebäude auf Grund der letzten Ereignisse eingestürzt war. Fieberhaft arbeitete er sich durch die Trümmer und fand schließlich sein totes Pferd, welches durch die herabstürzende Decke erschlagen wurde. Jetzt erst kam ihm schlagartig die Erkenntnis, dass dieser Vulkanausbruch nicht nur die Stadt, sondern auch das umliegende Land in Trümmern gelegt hatte. Die riesigen Aschewolken, die der Vesuv preisgab, machten den Tag zur Nacht und Romulus hatte Schwierigkeiten, seinen Weg zu finden. Da ihr Gutshof östlich von Pompeji lag, ließ der Ascheregen nach, weil sich der Wind Richtung Süden gedreht hatte.

Mit letzter Kraft und düsteren Ahnungen schleppte er sich zu ihrem Gutshof. In der Dunkelheit erkannte er die eingestürzten Mauern der ehemals schönen Landvilla und erinnerte sich seiner Ahnungen, die ihn heute Morgen beim Verlassen seines Vaters überfallen hatten.
Als Romulus über die eingefallene Außenmauer stieg, sah er das Ausmaß der Zerstörungen und lief suchend durch die Ruinen, um nach Lebenden Ausschau zu halten. Überall lagen Menschen, die durch das Unglück zu Tode gekommen waren. Er kannte sie alle, waren sie doch immer ein Teil seines Lebens gewesen. Andere hatten sicher ihr Heil in der Flucht versucht aber ihr Schicksal war ungewiss. Schließlich fand er

seinen Vater sterbend im Atrium liegen. Durch einen Herhabgefallenen Stein wies sein Kopf eine tödliche Verletzung auf. Als er seinen Sohn nach einiger Zeit erkannte, stammelte er, Blut spuckend:“ Ich bin froh, dich lebend zu sehen. Weil hier alles unwiderruflich zerstört ist, geh nach Rom zu meinem Schwager Artemis, der dich aufnehmen wird. Mit ihm kannst du deine weitere Zukunft besprechen.“ Die letzten Worte kamen schon undeutlich von seinen Lippen. „Vater, Vater!“, schrie Romulus, aber die Augen seines Vaters waren schon gebrochen. Er warf sich auf seinen Vater und weinte bitterlich. Seine ganze Welt war für ihn in kurzer Zeit zusammengebrochen und er dämmerte so im Dämmerzustand zeitlos dahin.

Als er irgendwann aufwachte, der Hunger trieb ihn an, war er im Moment völlig orientierungslos. Seine Trauer über den Verlust seiner Heimat und den Tod
seines Vaters war grenzenlos. Nach langem Grübeln sagte er sich, „Sei erwachsen und überlege, welche Entscheidungen du jetzt treffen muss!“ Die Nacht hatte sich derweil herabgesenkt und Romulus suchte nun in der Kammer seines Vaters nach Gegenständen, die für seine Reise nach Rom wichtig waren. In den Trümmern fand er noch eine intakte Öllampe, die ihm bei seiner Suche behilflich war. Er fand noch Vaters Schatulle mit genügend Gold- und Silbermünzen, dazu das Kurzschwert, welches er immer bewundert hatte.

Plötzlich hörte er Geräusche, deren Ursprung im Atrium zu suchen war. Sofort blies er seine Öllampe aus und schlich auf Zehenspitzen in diese Richtung. Im Atrium entdeckte er mehrere Gestalten, die seinen Vater untersuchten. Sie hofften wohl, in diesen Ruinen Reichtümer zu finden. Dem Aussehen nach schienen sie Sklaven zu sein, die sich jetzt in diesem

Ausnahmezustand an den Reichen sich zu rächen gedachten. Sie waren mit Knüppeln bewaffnet, um damit ihre Absichten zu unterstreichen.

Romulus fasste das Schwert seines Vaters fester in die Hand und rief: „Verschwindet aus meinem Haus!“ Die Sklaven schauten erschrocken in seine Richtung aber sie stellten sich schnell auf diese neue Situation ein. Der Größere von Ihnen, vermutlich ihr Anführer, stürzte mit erhobenem Knüppel auf Romulus zu, um ihn zu erschlagen. Romulus wehrte den Schlag blitzschnell ab und trieb dann sein Schwert in den Unterleib seines Gegners. Als die restlichen Diebe ihren Anführer anschauten, der tödlich getroffen zu Boden fiel, suchten sie ihr Heil in der Flucht. Sie hatten nicht mit einer solchen starken Gegenwehr gerechnet. Romulus setzte ihnen nach aber erkannte dann, dass sie schon über die eingestürzte Außenmauer sprangen und sich immer weiter entfernten.

Nachdem er sich wieder beruhigen konnte, wurde ihm bewusst, dass er durch sein jahrelanges Waffentraining eine gute Grundlage für einen furchtlosen Krieger geschaffen hatte. Diese Erkenntnis brachte ihn zu der Überzeugung, dass er in Zukunft sein Leben dem Militär widmen würde. Aber...............wie sollte es jetzt weitergehen? Zuerst musste er sich um seinen Vater bekümmern. Er reinigte sorgfältig die Leiche seines Vaters und trug ihn dann auf den Begräbnisplatz, auf dem schon seit langer Zeit seine Angehörigen beerdigt wurden. Da sein Vater auf Grund seines Alters schon Vorsorge getroffen hatte, legte er ihn vor dessen Grabkammer ab, die aber leider auch eingestürzt war. Die Grabkammer war ursprünglich wie ein kleiner Tempel mit sechs Säulen gehalten und einer darunter liegenden Kammer für die

Brandbestattung. Da Romulus im Moment nicht in der Lage war, das übliche Ritual der Verbrennung und Beisetzung mit der Urne vorzunehmen, räumte er die eingefallenen Steine beiseite und legte seinen Vater in die Kammer. Dann legte er behutsam Steine auf den Körper, bis dieser vollkommen abgedeckt war damit der Leichnam keinen Schaden mehr nehmen konnte. Als er fertig war, sagte er sich, dass er irgendwann später seinen Vater standesgemäß in der dann neu hergestellten Grabkammer zur Ruhe betten würde.

Da ihn jetzt sein Magenknurren wieder daran erinnerte, dass er essen sollte, machte er sich auf den Weg zur Küche, in der Hoffnung, hier etwas Essbares zu finden. Unter den Trümmern fand er Brot und Käse, setzte sich auf einen Stein und schlang dann gierig das Essen auf. Außerdem fand er noch einen Krug, der wie durch ein Wunder heil geblieben war, löschte dann seinen Durst mit dem Inhalt aus verwässertem Wein. Nun erinnerte er sich an die letzten Worte seines Vaters. Er schnallte sich das Schwert um, steckte den Beutel mit den Münzen in die Tasche und machte sich auf den Weg nach Rom.

Ohne Pferd rechnete er mit einem Fußmarsch von zehn Tagen bis Rom. Sein erster Weg führte ihn in Richtung [1]Capua, in der Hoffnung, sich hier ein Pferd zu kaufen. Nach einer Stunde dunkelte es bereits und er suche sich an einem Waldrand einen sicheren Schlafplatz. Die Ereignisse des vergangenen Tages verursachten bei ihm eine fast schlaflose Nacht. Immer wieder sah er sterbende Menschen vor sich und auch seinen Vater, der in seinen Armen gestorben war. In der Frühe

---

[1] römische Stadt Nähe Pompeji

wurde er von den Geräuschen der Natur geweckt und wusste im Moment nicht, wo er sich befand.

Nachdem er seine Gedanken geordnet hatte, er war sehr bedrückt, machte er sich auf den Weg, um ein Pferd zu besorgen. Nach einer Weile erblickte er in der Ferne ein größeres Landgut, welches sich aus dem Morgennebel herausschälte. Schnell begann Romulus zu laufen und war in kurzer Zeit am Haupttor angelangt. „Hey Fremder“, murrte ihn ein unausgeschlafener Torwächter an, „was suchst du in dieser frühen Morgenstunde hier bei uns?“ „Ich brauche ein Frühstück und würde gern ein Pferd kaufen, wenn es möglich ist. Auch bin ich in der Lage, das alles zu bezahlen!“ Der Torwächter murrte ein paar undeutliche Worte wegen der Störung, sagte dann aber: „Gut, folge mir in das Gesindehaus, da kannst du frühstücken, danach bringe ich dich zum Besitzer!“
Nach dem Frühstück geleitete ihn ein Haussklave in die Privaträume von Ägidius, dem Gutsbesitzer. „ Aha“, sagte er zu Romulus, „du bist also jener, der unsere morgendliche Ruhe stört, ich bin schon davon in Kenntnis gesetzt worden. Was ist der Grund deines Begehrens?“ Romulus erzählte ihm von den Ereignissen des gestrigen Tages und seinen Wunsch, nach Rom zu gehen. Ägidius wurde bei Romulus Bericht immer blasser und antwortete: „Wir haben uns große Sorgen gemacht, weil wir gestern dieses laute Grollen und auch die riesige Rauchsäule aus der Richtung von Pompeji gesehen habe. Da wir viele Kunden für unser Olivenöl und unseren Wein dort haben, wollte ich heute einen Sklaven nach Pompeji schicken, damit er sich dort umschaut. Das ist nun nicht mehr nötig und natürlich kannst du ein Pferd bei mir aussuchen.“

Nach seinem Abschied von Ägidius, der ihn mit den besten

Wünschen auf den Weg schickte, ritt Romulus mit seinem erworbenen Pferd die [1]Via Appia in Richtung Rom. Mit gemischten Gefühlen durch die letzten Ereignisse machte er sich auf den Weg. Er würde den Schwager seinen Vaters nach langer Zeit wieder sehen und dachte an die Zeiten, die er schon in Rom verbracht hatte, als er mit seinem Vater gelegentlich hier war. Diese Stadt war mit Pompeji nicht zu vergleichen. Hier war alles schöner und größer, von den Armenvierteln mal abgesehen. Es gab sogar mehrstöckige Mietshäuser und mehrere Foren, um die Bedürfnisse der zigtausend Bewohner zu befriedigen.

Auf seinem Weg nach Rom begegnete er vielen Reisenden, die zu Fuß oder mit Pferdefuhrwerken unterwegs waren. Auch dachte er an die alten Geschichten über die Via Appia. Vor über 100 Jahren waren 6000 Rebellen von Capua bis Rom entlang der Strasse gekreuzigt worden. [2]Crassus besiegte damals den Sklavenaufstand unter [3]Spartakus und bestrafte mit der Kreuzigung die Gefangenen. Am Nachmittag des dritten Tages ritt er durch die Porta San Sebestiano in die Stadt. Die zum Teil großen Grabmale vor der Stadt rechts und links der Strasse setzten ihn immer wieder in Erstaunen.

Zügig suchte er die Stadtvilla seines Onkels auf und klopfte gegen das massive Holztor. Umgehend wurde ihm geöffnet und der alte Sklave, den er schon aus Kindheitstagen kannte, rief erstaunt: „Romulus, von deiner Ankunft hat uns niemand berichtet.“ „ Oh Silanus, führe mich schnell zu meinem

---

[1] römische Strasse von Rom nach Brindisi

[2] 115 vor Chr. geboren, damals reichster Mann von Rom

[3] Spartakus war Gladiator und Anführer des Aufstandes

Onkel, ich bringe schlimme Nachrichten von zu Hause." „Sofort!", antwortete Silanus, „ich versorge schnell dein Pferd und dann suchen wir deinen Onkel auf." Kurz darauf begrüßte Romulus seine Verwandten im Tablinum, denn hier hatte sich nach seiner Ankunft die Familie versammelt. Überrascht und fragend schauten sie Romulus an und redeten dann wild durcheinander. Romulus setze sich zu ihnen und berichtete, was sich in den letzten Tagen ereignet hatte. Nach dem Ende seiner Ausführungen wurde es ganz still im Raum. Sein Onkel war kreideweiß geworden, als er vom Tode seines Schwagers hörte, auch den anderen konnte man den Schock ansehen. Nach einer endlos langen Zeit löste sich die Schockstarre auf und sie begannen, sich für die Zukunft neu zu orientieren. „Mein Sohn Marcus, der im gleichen Alter wie du bist, kann dich durch Rom führen und dich über die aktuelle Lage unterrichten", meinte Artemis, „derweil werde ich mit meiner Frau Sabina und den Töchtern Flavia und Claudia überlegen, wie wir dir bei uns ein neues Zuhause geben können." Nach dem gemeinsamen Abendbrot, wo sie über Romulus Zukunft berieten, begaben sich alle zur Nachtruhe. Romulus wurde ein eigenes Zimmer zugewiesen.

Am nächsten Morgen brachen Romulus und Marcus auf, um sich in Rom umzuschauen. Die neuen Ereignisse ließen Romulus ab und zu seine Trauer in den Hintergrund rücken. „Titus ist jetzt der neue Kaiser, nachdem sein Vater [1]Vespasian an einer plötzlichen Krankheit verstorben ist und meine Mutter ist in zweiter Linie mit dem neuen Kaiser verwandt", bemerkte Marcus unterwegs, „das könnte nützlich für uns sein, da wir ja beide eine Militärlaufbahn anstreben." „Ja,

[1] römischer Kaiser, der von 69-79 n.Chr. regierte

den Vorschlag finde ich sehr gut“, antwortete Romulus und sie setzten ihren Rundgang fort. Dabei kamen sie auch an dem fast vollendeten neu erbauten [1]flavischen Amphitheater vorbei und staunten über das große Bauwerk. Es sollte als Austragungsort für Gladiatorenkämpfe und Tierhatzen zur Unterhaltung dienen und war den freien Bürgern Roms kostenlos zugänglich. „Ich freue mich jetzt schon auf den Tag der Eröffnung“, sagte Marcus und beide setzten ihren Rundgang fort. Romulus staunte über die vielen neuen Gebäude, die während seiner langen Abwesenheit gebaut wurden. Sie kamen am späten Nachmittag zurück nach Hause und berichteten über alle Neuigkeiten, die sie unterwegs aufgefangen hatten.

Am nächsten Morgen setzte sich Artemis mit Romulus und Marcus zusammen und erklärte ihnen, dass er auf Grund seiner Beziehungen eine Möglichkeit gefunden habe, dass beide eine gründliche Militärausbildung bei der [2]Legio XXII Rapax durchführen können.
Romulus lächelte, „Prima, das ist für mich ein neuer Anfang“, und Marcus vor Begeisterung, „jetzt beginnt ein neuer Abschnitt unseres Lebens!“

Am nächsten Tag in der Frühe fanden sich beide wie besprochen auf dem [3]Marsfeld ein und begannen ihr Training wie üblich mit den Holzschwertern, worin sie von abgestellten Gladiatoren unterrichtet wurden. In der Grundausbildung lernten sie den Gleichschritt und das Marschieren mit

---

[1] römischer Name vom Kolosseum

[2] in Mainz stationierte Legion

[3] Schaf- und Pferdeweide, auch für militärische Übungszwecke genutzt

Marschgepäck über zwanzig Meilen. Die Neuankömmlinge wurden misstrauisch von den anderen beobachtet und jemand rief: „Den beiden werden wir zeigen, wie wir mit verwöhnten Römern umgehen!" „Kommt nur", war die Antwort und schon waren sie von mindestens zehn Rekruten umringt. Sekundenschnell standen beide Rücken an Rücken und parierten die Hiebe der anderen kraftvoll zurück. Sie suchten sich dabei Lücken, in denen sie der Meute ihre Holzschwerter spüren ließen. Nach einiger Zeit merkten die Angreifer, dass für sie keine Chance bestand und gaben ihr Vorhaben auf. Seit diesem Kampf wurden beide in der Truppe respektiert und stiegen mit der Zeit zu [1]Decurios auf.

Mit der Eröffnung des flavischen Amphitheaters endete auch ihre Ausbildungszeit, die nach zwölf Wochen mit einer Prüfung endete. Jetzt freuten sie sich auf die kommenden Eröffnungsspiele. Kaiser [2]Titus befahl zur Eröffnung hunderttägige Spiele und ganz Rom war in einem Freudentaumel. Gleich am ersten Tag standen Tierhetzen auf dem Programm. Artemis, Marcus und Romulus konnten auf Grund ihres Ranges gute Plätze einnehmen und harrten der Dinge, die nun kommen würden. Nachdem das Amphitheater voll besetzt war, sprach Kaiser Titus aus seiner Loge zu den Besuchern:
„Geliebte Bürger von Rom, nach acht Jahren Bauzeit kann ich euch das schönste Amphitheater im gesamten römischen Reich übergeben.
Schon mein Vater Vespasian begann mit dem Bau, um seinen Bürgern eine große Abwechslung zu bieten. Leider ist er zu früh zu den Göttern gegangen und konnte deshalb sein Werk

---

[1] Führer von zehn Legionären

[2] römischer Kaiser, regierte von 79-81 n.Chr.

nicht mehr vollenden.
Als sein Sohn und Nachfolger bin ich stolz, sein Werk fertig gestellt zu haben um meinen Bürgern große Freude zu bereiten.
Darum sage ich jetzt - Lass uns die Spiele beginnen!“

Tosender Applaus kam von den Zuschauern und nach mehreren Tompetenstössen kamen zwei Tiger in die Arena. Sie fauchten sofort lautstark das Publikum an und mehrere Frauen in den obersten Rängen fielen schon in Ohnmacht. „Das kann ja was werden“, meinte Artemis und alle starrten gespannt in die Arena. Aus einem weiteren Tor kamen zwei zum Tode verurteilten Männer zum Vorschein, einer mit einem Speer bewaffnet. der andere ohne Waffen.

Die Zuschauer jauchzten jetzt und dadurch wurden die Tiger sehr wütend. Wie auf Kommando rasten sie dann auf die Unglücklichen zu, um sie als Beute zu reißen. Geistiggegenwärtig schleuderte der Bewaffnete seinen Speer auf einen Tiger und traf diesen in das rechte Hinterbein. Der brüllte vor Schmerzen auf und versuchte mit seinem Maul, den Speer zu entfernen. Währenddessen sprang der zweite Tiger den jetzt wehrlosen Mann an und riss ihm mit einer Kopfdrehung den Wurfarm bis zur Schulter ab. Danach biss er dem vor Schmerz schreienden Verletzten in die Kehle und dieser starb in einer Blutlache im Sand der Arena. Der Unbewaffnete näherte sich dem verletzten Tiger, um sich den Speer anzueignen, ohne Waffe war er nämlich chancenlos. Da der andere Tiger mit dem Toten abgelenkt war, erhoffte er sich, doch noch mit dem Leben davon zukommen. Ihnen war die Freiheit zur Feier des Tages versichert worden, wenn sie beide Tiger töten würden. Also griff er von hinten an und konnte den Speer entreißen, zog sich dabei aber eine große Bisswunde am Bein zu. Endlich den Speer in der Hand, stieß er diesen dem verletzten Tiger ins Herz. Nachdem der Tiger ein letztes Mal zuckte, riss er den Speer wieder aus der Wunde und wand sich dem zweiten Tiger zu. Dieser war mit seinem grausamen Mahl beschäftigt und bemerkte nicht den anschleichenden Überlebenden. Er reagierte deshalb zu spät und es ereilte ihn das gleiche Schicksal wie das seines Artgenossen.

Eine atemberaubende Stille hatte sich während des Kampfes breit gemacht, aber jetzt war bei den Zuschauern die Hölle los. Die Begeisterungsrufe wollten kein Ende nehmen.

Kaiser Titus erhob sich in seiner Loge, riss den rechten Arm hoch und schon kehrte Stille ein. „Nach diesem spannenden Kampf löse ich mein Versprechen ein und der Überlebende darf die Arena als freier Mann verlassen“

Die Rufe „Heil Titus“ nahmen nun kein Ende.

Um den Tumult abzubrechen, hob Titus wieder seine Hand und augenblicklich kehrte wieder Ruhe ein. „Jetzt kommt der erste Höhepunkt an diesem Tag, die beiden besten Gladiatorenkämpfer, Lucius und Gaius treten gegeneinander an, gekämpft wird so lange, bis einer den Tod erleidet!“ Nach diesen Worten des Kaisers erhob sich wieder lauter Jubel auf den Rängen. Die Menge hielt es kaum noch auf den Sitzen.

Laute Fanfarenstösse kündigen jetzt die Gladiatoren an und allmählich kehrt Ruhe auf den Rängen ein. Um beide Gladiatoren die gleiche Chance zu geben, traten sie mit der gleichen Ausrüstung in die Arena ein. Sie trugen eine Armschiene am

Schwertarm, Bandagen an beiden Beinen, einen Legionärshelm und das berühmte Kurzschwert. Zum Kaiser gewandt, riefen beide: „Die Todgeweihten grüßen dich!“
Dann, in der Mitte angekommen, stemmte Lucius seine Füße in den weichen Sand und blickte herausfordernd in die Menge um sich deren Beifall zu sichern, während Gaius die Kaiserloge ins Visier nahm um damit die versammelten Amtsträger auf seine Seite zu ziehen. Nach einer kurzen Zeit streckte Titus die Hand nach vorne mit den Worten: „Der Beste möge gewinnen“, und der Kampf begann.
Beide Kämpfer umrundeten sich in Lauerstellung und versuchten dadurch die Schwachstelle des Gegners auszumachen. Blitzschnell begann Gaius mit einem Scheinangriff, sein Gegner parierte in die falsche Richtung und Gaius konnte seinen ersten Treffer landen. Die tiefe Fleischwunde am Oberarm behinderte den Gegner jetzt bei dem weiteren Kampf. Lucius überwand die starken Schmerzen und konterte durch einen schnellen Schwerthieb der aber leider ins Leere stieß. Gaius nutzte seinen Vorteil durch den geschwächten Gegner und attackierte ihn mit schnellen Hieben in Richtung Oberkörper. In Erwartung seines Vorteils wurde Gaius unvorsichtig und erhielt einen Stich in den rechten Oberschenkel, der ihn sofort zur Besinnung brachte.
Das Publikum raste indessen vor Begeisterung über den blutigen Kampf und feuerte nun Lucius lautstark an. Beide waren nun angeschlagen und lauerten auf den nächsten Angriff. Die Sonne brannte mittlerweile heiß in die Arena, beide Kämpfer litten durch Schweiß und Schmerzen und jeder versuchte jetzt ein schnelles Ende herbeizuführen.
Gaius versuchte wieder einen Scheinangriff, aber Lucius war diesmal vorbereitet und versetzte seinem Gegner einen Hieb in den Schwertarm, so dass dieser kraftlos herunterbaumelte.

Gaius war nun angeschlagen, nahm sein Schwert in die andere Hand und parierte mehr schlecht wie recht die Hiebe seines Gegners. Dieser nutzte eine günstige Gelegenheit und stieß sein Schwert in die Brust seines Gegenübers. Tödlich getroffen sank Gaius in den heißen Sand und blickte mit brechenden Augen in den blauen Himmel. Lucius konnte sein Glück kaum fassen, war er doch Sieger über einen ebenbürtigen Gegner.
Das Publikum war kaum noch zu bändigen, war doch ihr Favorit siegreich aus dem Kampf hervorgegangen. Die Freudenrufe wollten kein Ende nehmen.
Titus befahl Lucius zur Kaiserloge und überreichte ihm 50 Goldstücke für den Sieg. Danach erhob Lucius die geballte Faust und ging unter dem Beifall der Menge in die Gladiatorenunterkunft des Amphitheaters.

Titus beendete den Beifall der Menge durch ein Handzeichen und sprach: „Jetzt wird eine Tierhetze veranstaltet, indem Löwen auf Giraffen losgelassen werden und ich hoffe, dass ihr viel Vergnügen habt!“ Die Menge johlte vor Begeisterung um das nun kommende Schauspiel.

„Da ich ein Tierfreund bin, begeben wir uns zu den Garküchen und verleiben uns einen Teller Gemüsesuppe ein und vielleicht einen Schluck Wein dazu“, bemerkte Artemis und beide Freunde waren einverstanden. Sie verließen ihre Plätze, schoben sich durch die Menge und landeten bei den Garküchen, die innerhalb des Amphitheaters in großer Anzahl aufgebaut waren. Nach dem Essen und ein paar Gläser verwässerten Wein beschlossen sie, zu Hause alles weitere für die Zukunft zu besprechen. Einige Strassen weiter war immer noch das Auf- und Abebben der Geräuschkulisse aus dem flavischen Amphitheater zu hören. Die Strassen waren ziemlich leer, weil sich die meisten Römer bei den Spielen vergnügten. Romulus staunte immer noch über die mehrstöckigen Mietshäuser, die es in Rom zur Genüge gab. „Pompeji war dagegen klein und überschaubar, hier raubt es einem den Atem“, fasste Romulus seinen Eindruck zusammen. „Man muss in Rom längere Zeit leben, um hier den Überblick zu haben“, scherzte Marcus. Die vergangenen Stunden ließen die Männer nicht los und so debattierten sie leidenschaftlich über die Kämpfe bis sie Zuhause ankamen.

Romulus war tief in seinen Gedanken versunken, die letzten Ereignisse in Pompeji machten ihm sehr zu schaffen, der Verlust seiner Heimat, den Tod seines Vaters, all das, was sein Leben ausmachte, war für immer verloren. Konnte er sein Leben neu gestalten? In einer Militärlaufbahn mit seinen vielen Möglichkeiten sah er jetzt seine Zukunft. Hier wollte er alles daransetzen, um Rom zu dienen. „Wo bist du nur mit deinen Gedanken?“, erinnerte ihn Artemis, „wir müssen festlegen, wie du und Marcus die ersten Schritte vornehmen könnt. Ich habe mit Titus gestern besprochen, das ihr beide nach Mogontiacum wegen der guten Ausbildung als Decurio zu eurem ersten Einsatz kommt. Hier sind zwei Legionen stationiert und ihr werdet der Legion XXI Rapax zugewiesen.“ Romulus und Marcus waren zuerst sprachlos aber dann nahm ihre Begeisterung kein Ende. Sie freuten sich auf ihre erste größere Reise ins Unbekannte und auf die Abenteuer, die sie erleben würden. „Gemach, Gemach“, unterbrach Artemis die Freudentänze, „es kann sehr gefährlich werden. Ihr müsst Tag und Nacht auf der Hut sein, es kann sonst euer Leben kosten.“

Die Eröffnungsfeier des Amphitheaters dauerte zwar 100

Tage, aber die beiden Freunde freuten sich viel mehr über die Reise ins Unbekannte und die Abreise könnte lieber heute als morgen beginnen.
Nachdem im Hause Artemis alle Reise-vorbereitungen abgeschlossen waren, auch zwei gute Pferde wurden ausgesucht, ritten beide nach einem langen Abschied und vielen Ermahnungen von Artemis los.

Es herrschte ein wunderbarer Sommertag und erwartungsvoll ritten beide in Richtung Norden. Ihre Ausrüstung war gut gewählt, Kurzschwert, Schild und dicke Beinschienen sorgten für Sicherheit auf ihrer Reise. Rom zu verlassen und unbekannte Länder zu durchqueren bis ihr Ziel erreicht war, erweckte einen Höhenrausch bei den Freunden. Als sie den [1]Rubicon durchritten, meinte Romulus: „Wenn wir die Augen offen halten, treten wir jeder Gefahr entgegen. Man hört ja viel von Wegelagerern, die die Überfallenen ausrauben und dann zu den Göttern schicken aber bei uns werden sie die Klinge spüren." „Du hast Recht, bei uns werden sie sich aber die Zähne ausbeißen, wir haben uns gut bei den Kämpfen in der Ausbildung bewährt", meinte Marcus, „außerdem wollen wir am Ende unseres Lebens auf unsere Heldentaten zurückblicken." Romulus sprach dann nach einer längeren Pause: „Deine Schwester Flavia hat mir sehr gut gefallen, ich kann mir vorstellen, wenn die Gelegenheit kommt, sie näher kennen zu lernen, vielleicht werden wir ein Paar!" „Du denkst schon ziemlich weit in die Zukunft", bemerkte Marcus, „aber meinen Segen würde ich dir geben."
Sie ritten nun wortlos weiter und jeder hing seinen Gedanken nach. Am Ende des dritten Tages sahen sie schon in der Ferne

[1] kleiner Fluss, südlich von Ravenna

ein riesiges Bergmassiv, dass sie laut Artemis mit größter Vorsicht überwinden sollten. „Wenn [1]Hannibal vor über 200 Jahren dieses Bergmassiv mit seiner Armee und den Elefanten überwunden hat, dann werden wir beide das auch schaffen!“, äußerte sich Marcus“, aber ein klein wenig Unsicherheit war seiner Stimme anzuhören. „Du hast Recht, aber wir müssen jetzt hier unser Nachtlager aufschlagen und den morgigen Aufstieg ausgeschlafen in Angriff nehmen.“

Die Nacht verlief, den Göttern sei Dank, sehr ruhig und nach einer kräftigen Stärkung kam der Aufbruch. Umso höher sie aufstiegen, umso kälter wurde es. …….Doch, war das nicht ein Blitzen von Metall in der Sonne hinter dem großen Felsen voraus, bei den Freunden ging der Atem schneller, ob der Gefahr, die vielleicht hinter dem Felsen lauerte. Sie legten die Hand an ihre Schwerter, waren kampfbereit und ritten auf dem steilen Pfad in Richtung des Felsens. Kurz bevor sie ihn erreichten, stürzten drei Gestalten in abgerissener Kleidung und mit erhobenen Schwertern auf sie zu. Geistesgegenwärtig hieb Romulus sein Schwert auf den ersten Gegner und spaltete ihm mit diesem einen Schlag den Kopf. Ohne einen Laut fiel der Angreifer in das Geröll im Berghang. Mittlerweile attackierte Marcus vom Pferd aus die anderen beiden Gegner und zog sich dabei eine Fleischwunde am Oberschenkel zu. Romulus kam ihm zu Hilfe und gemeinsam wehrten sie die Angriffe ab. Einem Gegner wurde von Marcus der Schwertarm abgeschlagen und dieser floh jetzt lautheulend in Richtung Tal, der andere wurde von Romulus getötet, indem er ihm sein Schwert in die Gedärme bohrte.
Schweißüberströmt und vor Atem ringend stiegen beide von

---

[1] berühmter Heerführer aus Carthago

ihren Pferden und legten sich flach auf die Erde. Nach einer geraumen Zeit kamen sie zu der Erkenntnis, dass sie bei ihrer Militärausbildung viel gelernt hätten. Die Wunde von Marcus erwies sich als nicht zu tief, Romulus legte einen Pressverband an und Marcus meinte, das die Schmerzen auszuhalten wären.

Von nun an nahmen sie die Pferde an den Zügeln, weil der Pfad einfach zu steil wurde. Gegen Ende des Tages erreichten sie den Pass und bereiteten ihr Nachtlager. Nach dem Genuss von Dörrfleisch und verdünntem Wein schliefen beide erschöpft ein. Von der wärmenden Morgensonne aus dem Schlaf geweckt, standen beide Schultern an Schulter und blickten in das unter ihnen liegende Tal. Hier und da sah man Rauch aufsteigen und sie konnten weit nach Norden sehen. „Jetzt sehen wir, wo uns unsere Reise hinführt und nach dem gestrigen Tag müssen wir ständig Vorsicht walten lassen, damit wir jeder Gefahr entgegentreten können“, meinte Romulus und Marcus nickte ihm zu.

Nach der Kontrolle von Marcus Wunde machten sich beide reisefertig und begannen mit dem Abstieg. Nach einiger Zeit bestiegen sie wieder ihre Pferde, weil der Gebirgspfad nicht mehr so abschüssig war. Die Sonne brannte unerbittlich auf die Reisenden, aber die Eindrücke der Landschaft ließen sie die Anstrengungen vergessen.

Sie passierten römische Gutshöfe, die strategisch für die Gewinnung von landwirtschaftlichen Erzeugnissen angelegt waren. Dadurch konnte man die umliegenden Kastelle und römische Zivilsiedlungen mit Nahrung versorgen. Viele Gutsbesitzer kamen durch ihren Handel zu großem Reichtum und dementsprechend luxuriös waren ihre Gutshöfe ausgestattet.

Kurz vor der Siedlung [1]Brigantium sahen die Freunde Sklaven bei der Feldarbeit und erkundigten sich über eine Übernachtungsmöglichkeit, weil sie schon mehrere Tage im Freien schlafen mussten. „Ja, in Brigantium findet ihr an der Strasse ein [2]Tabernae, hier wird gutes Essen gereicht und auch die Betten sind vorzüglich. Der Wirt hat sich bestens für die vielen Reisenden vorbereitet. Das habe ich jedenfalls von meinem Herrn erfahren, unsereins ist ein Besuch ja nicht gestattet“, erläuterte ein Sklave, den sie ansprachen.

Nach einiger Zeit erblickten sie die Siedlung in der Ferne, schattenhaft erkannten sie schon die Umrisse der Häuser durch die flimmernde Sonne. Eine gefühlte Stunde später sattelten sie ihre Pferde ab und betraten den Schankraum. Im diffusen Licht sahen sie einige Gäste, die sich mit einem Würfelspiel beschäftigten und lautstark über Gewinn und Verlust debattierten. Alle waren angeheitert, da der [3]Mulsum in Strömen floss. Mit den Worten: „Was kann ich für euch tun meine Herren?“, trat der Wirt unterwürfig auf die beiden zu mit dem Gedanken, ein gutes Geschäft zu machen. „Wir wünschen uns eine Mahlzeit und ein Bett für die Nacht“, erwiderte Romulus. „Ich kann euch beides bieten, es ist noch Kohlsuppe mit Speck vorrätig und dazu vielleicht ein Glas Mulsum, wenn die Herren einverstanden sind. Außerdem hätte ich noch zwei junge Täubchen, mit denen ihr die Nacht verbringen könnt“, antwortete der Wirt, auch mit dem Gedanken, an den Mädchen mit zu verdienen. „Das Essen und die Betten reichen uns, wir sind reichlich müde von der Reise und brauchen ein

---

[1] Bregenz am Bodensee

[2] römische Gasthäuser und Schankstuben

[3] Wein mit Honig

wenig Schlaf zur Stärkung“, erklärte Marcus. Nach dem ausgiebigen Mahl und einigen Gläsern Mulsum fielen die beiden erschöpft in ihre Betten und schliefen durch bis zum Morgengrauen. Nach dem Frühstück bezahlten sie den Wirt, sattelten ihre Pferde und ritten voller Hoffnung Richtung Norden.
Nach einigen Stunden passierten sie schon das Militärlagerlager [1]Arae Flaviae, beobachteten das_geschäftige Treiben eine zeitlang und ritten ohne Rast weiter. Am zweiten Tag erreichten sie nach einer ungemütlichen Übernachtung im Freien das nächste Legionslager. Hier in [2]Argentorate fanden sie ein Tabernae in der Zivilsiedlung. Nach einer erholsamen Nacht ritten beide auf der ausgebauten Strasse am [3]Rhenus weiter mit dem Ziel Mogontiacum.

---

[1] heutige Stadt Rottweil

[2] heutige Straßburg

[3] Rhein

Ankunft in Mogontiacum

Mehrere Tage nach ihrem Aufbruch in Argentorate sahen sie schon die Bauten von Mogontiacum in der Ferne. Viele Eindrücke konnten die beiden von unterwegs entlang des Rhenus mitnehmen. Sie sahen unzählige Fischer bei ihrer Arbeit und auch einige Flussboote, die den Rhenus mit ihrer Schiffsbesatzung durch Legionäre kontrollierten. Auch mehrere Kastelle und Siedlungen wurden entlang des Rhenus ausgemacht.
„Ich habe in den letzten Tagen meine Einstellung zu Germanien geändert", meinte Marcus nachdenklich, während sie ohne Eile im Trab am Rhenus vorbei ritten, „in Rom wird immer erzählt, das die Germanen in undurchdringlichen Wäldern hausen und eine große Gefahr darstellen. Aber man sieht hier schöne Landschaften, viele Gutshöfe und Siedlungen."
„Wir sind aber jenseits der Grenze zu den Barbaren, dadurch sind die Menschen einigermaßen sicher trotz der regelmäßigen Überfälle dieser grausamen Krieger", antwortete sein Freund.
Mittlerweile passierten sie das große Tor von Mogontiacum und fragten einen Torwächter nach dem Lagerkommandanten. „Ihr wollt sicher zu Legatus Quintus, den findet ihr im Stabsgebäude geradeaus", gab dieser zur Antwort.
„Ein Bote hat mir schon euer Kommen angekündigt, meldet euch bei [1]Praefectus Publius, der zeigt eure neue Unterkunft, danach besprechen wir das weitere Vorgehen!" informierte sie Quintus.
Nach dem Bezug ihrer Stube und einer Stärkung wurden ihre Einsätze mit Quintus besprochen.
„Ich kommandiere euch zuerst zu der neuen Grenzanlage, die

[1] Verwalter einer Legion

von Norden und dann Richtung Süden bis zum [1]Moenus verläuft, wo ihr erste Erfahrungen sammeln könnt. An der südlichen Grenze gibt es im Moment keine Probleme. Der Moenus im weiteren Verlauf bildet dann eine natürliche Grenze. Nun zu meinem Lagebericht. An der gesamten Grenze ist eine Wald- und Feldschneise als Postenweg errichtet worden, die im Moment mit Erdkastellen bestückt wird. Den im Norden lebenden [2]Chatten gefällt diese Anlage nicht und deshalb werden die Grenzarbeiten immer wieder von Überfällen bedroht. Ihr wisst sicherlich, dass vor circa 70 Jahren [3]Varus und seine drei Legionen mit der römischen Landnahme nach Norden durch Arminius gescheitert sind. Deshalb wurde beschlossen, die Grenze weitgehend am Rhenus zu belassen und des Weiteren eine Landgrenze bis in den Süden festzulegen. Ich hoffe, ihr beide seid dieser Aufgabe gewachsen!“ Die beiden Freunde machten aus ihrer Freude keinen Hehl ob dieser Einsätze und bekräftigten, ihr Bestes zu geben. „Ich gebe euch ein paar Tage Zeit, damit ihr hier alles kennen lernt und dann ausgeruht zu eurem ersten Einsatz kommt“, verabschiedete sie Quintus.

Die nächsten Tage verbrachten sie mit der Erkundung des Kastells, mittlerweile von Kaiser Vespasian durch Steinbauweise errichtet und der Zivilsiedlung. Erstaunt waren sie über die neue Rhenusbrücke, die auf Pfahlroste mit Steinpfeilern gebaut wurde. Auch war die Besichtigung des Vorstadtlagers interessant, hier lebten viele Händler, Frauen der stationierten Legionäre mit ihren Kindern und natürlich gab es einige

---

[1] römischer Name von dem Fluss Main

[2] germanischer Volksstamm

[3] Statthalter und Feldherr in Germanien

Tabernae`s.

Am zweiten Tag besuchten sie ein Wirtshaus und wurden gleich von einem älteren Legionär angesprochen „Ihr seid wohl die neuen Ankömmlinge aus Rom, erzählt einem alten Haudegen, was es Neues zu berichten gibt.“ „Nun ja“, erwiderte Marcus, „ das flavische Amphitheater ist vor kurzem eröffnet worden und die ersten Spiele waren sehenswert, wir haben uns sehr amüsiert.“ „Das wäre mal eine tolle Abwechslung in unserem Alltag, wenn wir hier auch Zugang zu einem Amphitheater hätten!“, grunzte der Soldat und forderte sie auf, ein paar Gläser Mulsum mit ihm zu trinken und dabei mehr zu berichten. Nach einiger Zeit verabschiedeten sich die Freunde und begaben sich leicht angeheitert in ihre Unterkunft.

„Wo kommt ihr denn her?“, wurden sie von Publius schroff empfangen“, der Legat hat nach euch suchen lassen.“ Mit einem schlechten Gewissen gingen sie ins Stabgebäude und meldeten sich bei Quintus. „Eure Ruhepause ist jetzt vorbei, morgen früh werdet ihr mit [1]Centurio Manius und seinen Soldaten an die [2]nördliche Grenze reiten und den weiteren Ausbau überwachen! Sie verläuft über viele Meilen quer durch Chattengebiet und der [3]Mattiaker und endet am Rhenus. Eure Einheit soll sich über den Fortschritt der Grenzanlagen informieren und mir berichten. Ich hoffe, dass ihr euch dabei die ersten Sporen verdienen könnt.“ Sie sicherten dem Legaten ihren vollen Einsatz zu und begaben sich in ihre Unterkunft,

---

[1] Befehlshaber von 80 Legionären

[2] der Limes

[3] germanischer Stamm, der im Taunus lebte

um alles Nötige vorzubereiten.
In aller Frühe ritten sie mit achtzig Mann los. Durch das Klappern der Pferdehufe auf der Brücke sah man, wie einige Bewohner der Lagervorstadt noch die Augen reibend, der Reiterhorde nachblickten. Zunächst ritten sie am Moenus entlang, bis sie ein kleines Militärlager erreichten. Nach einem kurzen Austausch der neuesten Nachrichten änderte der Reiterpulk die Richtung auf den Höhenkamm zu, der gut zu erkennen war. Wälder und Ebenen wechselten sich ab und der Trupp kam zügig voran. Romulus genoss die Landschaft, alles sah friedlich aus und er konnte sich nicht wirklich vorstellen, dass die Chatten das Land mit ihren Raubzügen unsicher machten. Langsam begann nun der Aufstieg zu dem erwähnten Höhenkamm, oben war eine [1]Erdschanze zur Sicherung des Passes errichtet worden. Sie besaß einen fünfeckigen Grundriss. Auf der Wallkrone befand sich ein Flechtwerkzaun, gegen den der Aushub des Verteidigungsgrabens angeschüttet worden war. Ein dahinter liegender Wehrgang war nicht vorhanden. Der einfache Graben umgab das gesamte Erdkastell und setzte nur vor dem einzigen, auf der Südseite des Kastells befindlichen und aus der Mittelachse des Lagers stark nach rechts versetzten Tor kurz aus.

Die Unterbringung der Truppe fand in Zelten statt, die sich in den westlichen drei Vierteln des Innenbereichs befanden. In zehn Mannschaftszelten waren je acht Soldaten, sowie einem weiteren Zelt für den Centurio der Einheit, also 80 Legionäre waren hier stationiert. Im östliche Viertel der Lagerinnenfläche war der Unterbringung der Last- und Reittiere vorbehalten. In der nordwestlichen Ecke des Lagers befanden sich

[1] Anfänge des Kastells Saalburg

einige Backöfen. Die Schanze lag verborgen im Mischwald unweit des Passweges über den Höhenkamm.

Als der Trupp von Manius durch das Tor ritt, wurden sie gleich von Lagerkommandant Servius begrüßt. „ Hallo Manius, willst du mich vielleicht mit deiner Truppe ablösen? Die Einsamkeit in diesen dunklen Wäldern und die gelegentlichen Kämpfe mit den Chatten zerren an unseren Nerven. Wir vermissen unsere Frauen und Kinder in der Lagervorstadt und würden auch gern mal das eine oder andere Glas Mulsum genießen.“ „Ich muss dich leider enttäuschen, ich habe den Auftrag, die Grenze bis zum Rhenus zu kontrollieren und bei dir fange ich an“, kam die Erwiderung. Nach der Begrüßung machte sich Manius Truppe an die Arbeit, um acht Mannschaftszelte aufzubauen. Nachdem diese Tätigkeit beendet war, wurde es ziemlich eng im Erdkastell. Aber alle waren zufrieden und der Abend endete mit vielen Gesprächen rund um die entfachten Lagerfeuer. Nur Romulus und Marcus waren mit zwei von Servius Leuten für die Wache abkommandiert.

Als Romulus so auf der auf der Wallkrone stand und die Umgebung beobachtete, dachte er über die Vergangenheit und seine Zukunft nach. Trotz seiner Traurigkeit über den Verlust seines Vaters überwältigte ihn ein Glücksgefühl. Hier war er in seinem Element und seine Entscheidung für eine Militärlaufbahn war die Richtige. Er sog die frische Nachtluft ein, hörte das Rauschen der Baumgipfel und lauschte den vielen Tierstimmen zu. Gegen Mitternacht hatte er Mühe, seine Augen offen zu halten und ging deshalb einige Schritte hin und her.

Doch, was war das für ein Geräusch in der Nähe. Er meinte ein Knacken gehört zu haben und blickte angestrengt in diese Richtung. Sollte er sich vielleicht verhört haben, aber plötzlich hörte er ein leises Surren in der Luft, kaum ausgedacht, schwirrte haarscharf eine Axt an seinem Kopf vorbei und blieb im Flechtwerkzaun hängen. Sofort rief er laut Alarm und ging in Deckung. Wie Schatten huschten die Feinde jetzt in Richtung Wall, verärgert darüber, das sie so früh entdeckt wurden. Im Nu sprangen die Legionäre bewaffnet aus den Zelten und nahmen Stellung hinter dem Zaun. Während Romulus zu seinen Waffenbrüdern in Stellung ging, nahm er kurz wahr, dass einer von Servius Wachleuten mit einer Axt in der Stirn rückwärts zu Boden fiel. Und schon waren die Angreifer auf dem Wall. Aber da sie nicht damit gerechnet hatten, dass die Besatzung heute verstärkt war, zogen sie sich schnell wieder zurück unter Zurücklassung von fünf Sterbenden, denen je ein [1]Pilum in der Brust steckte. Servius schickte den Fliehenden die Hälfte der Besatzung nach. Aber sie hörten an den Geräuschen, dass sie sich schon weiter entfernten und in der dunklen Nacht war eine Verfolgung zwecklos.

„ Oh!“, meinte Romulus später, „ohne Wache hätten sicher mehr Kameraden den Tod gefunden.“ Die Bewachung wurde von Servius vervierfacht und die anderen Legionäre versuchten, den Rest der Nacht ein wenig Schlaf zu finden.

Nach einer ruhigen Nacht, kein Feind hatte sich mehr sehen lassen, krochen die Soldaten frierend aus ihren Zelten. Servius ließ Manius rufen, um das Weitere zu besprechen.

Der Regen war seit Tagen ausgeblieben, deshalb marschierte Marius später mit zehn Soldaten über den trockenen

---

[1] schwerer Wurfspieß der Legionäre

Waldboden die Grenze entlang Richtung Norden. Die beiden Centurio hatten vereinbart dass der Rest von Manius Truppe die Besatzung des Erdkastells bis zu seiner Rückkehr zur Verstärkung zurückblieb. Durch den Überfall in der letzten Nacht waren alle verunsichert, die Chatten könnten es wieder versuchen. Romulus war bei Manius Truppe abkommandiert, sein Freund blieb bei der Besatzung des Erdkastells. An diesem Morgen verscharrten einige Legionäre die toten Feinde im Wald. Die beiden Freunde ließen es sich nicht nehmen, aus lauter Neugier mitzuhelfen. Die toten Chatten waren von kräftiger Gestalt, trugen langes, rot gefärbtes Kopfhaar, ihre Oberkörper waren vollkommen nackt. Ihre Bewaffnung bestand aus Langschwert, Speer und Wurfaxt. Romulus stand der Schreck in den Gliedern bei dem Gedanken, diesen Kriegern im Kampf zu begegnen.

Die Morgensonne brannte schon heftig, als sie bei dem ersten erbauten Wachturm ankamen. Der Turm bestand aus Holz mit einem Rundgang im oberen Bereich. Von hier aus bekam die vierköpfige Besatzung eine gute Sicht in das Grenzgebiet. Im Unterteil war ein Raum als Schlaf- und Wohnstätte vorhanden. Nach einem kurzen Gedankenaustausch zog der Trupp weiter.

Im Laufe der weiteren Grenzbegehung stellte Manius fest, das der Aufbau von Wachtürmen und Erdkastellen noch nicht abgeschlossen waren. Gegen Abend kamen sie an das letzte [1]Erdkastell, welches am Ufer des Rhenus stand. In der Nähe war der erste Wachturm zu sehen. Die Besatzung war hocherfreut über die Ankunft und jeder fragte nach den neuesten Nachrichten. Nach dem Aufbau der Zelte für die Nacht saßen

---

[1] Kastell in Rheinbrohl

alle an den Lagerfeuern zusammen. „Wie ist dein Eindruck unserer Grenzanlage?“, begann Lagerkommandant Lucius das Gespräch, „sind wir gegen Angriffe der Feinde gut gewappnet? Die Chatten lauern in diesem Gebiet überall und halten uns in Trab mit ihren Überfällen.“ „Ich denke, unsere Leute sind gut in der Abwehr, was die Grenze selbst betrifft, ist die Anlage bestens ausgebaut. Wir wehrten gestern Abend einen Angriff ab, auch weil unser Neuling Romulus bei seiner Wache schnell reagierte.“ „Das ist gut zu hören, dass unsere Männer vorbereitet sind. Hier am Rhenus haben wir einigermaßen Abwechslung durch den Schiffsverkehr, das kann man von unseren Kameraden nicht behaupten, die ihren Dienst in den germanischen Wäldern leisten.“

Bevor Romulus sich zur Ruhe begab, ging er hinunter zum Rhenus und genoss die Stille, die gelegentlich vom Plätschern der Wellen unterbrochen wurde. Der Aufbruch am nächsten Morgen ging zügig voran. Lucius und seine Besatzung verabschiedeten Manius Truppe und wie aufgefädelt an einer Schnur ritten sie die erste Anhöhe hinauf. Die Morgensonne begleitete sie und jeder hing seinen Gedanken nach. Plötzlich hörten sie in einiger Entfernung Schreie und Waffenklirren. Sofort spornten alle ihre Pferde an, bei ihrem Näher kommen erfassten sie schnell die Situation. Eine Horde Chatten, mit Langschwertern bewaffnet, rang mit der [1]Kastellbesatzung, von denen zwei wegen der Übermacht schon getötet waren. Manius brüllte seine Befehle und schon waren die Feinde in der Unterzahl. Dadurch war es ein Leichtes, den Verlauf des Kampfes umzukehren und die acht Angreifer, von denen auch schon einige verletzt waren, zu töten.

[1] Kleinkastell Anhausen

„Das war aber im letzten Moment eine schnelle Hilfe“, sprach Manius die Besatzung an, „etwas später und wir hätten nur noch Tote und einen brennenden Wall vorgefunden.“ Die zwei leicht verletzten Überlebenden legten sich schwer atmend auf den Waldboden, und einer berichtete: „Aus dem Nichts tauchten plötzlich diese Krieger auf und nur, weil wir durch Schanzarbeiten abgelenkt waren, wurden wir überrumpelt. Aber durch euer Eingreifen leben wir beide noch.“ Manius ließ ihnen vier von seinen Männern zur Sicherheit da mit den Worten: „Ich werde Quintus berichten und auch, das hier eine bessere Lösung gefunden werden muss.“ Nach einer längeren Rast verabschiedete sich Manius Truppe und hofften, ohne weitere Scharmützel ihren Ausgangspunkt wieder zu erreichen.

Es dämmerte schon, als er mit seinen Soldaten das Erdkastell auf der Höhe erreichte. Servius lud ihn in sein Zelt, um die Ereignisse bei der Grenzbesichtigung zu erfahren. Romulus suchte seinen Freund auf, der neugierig seine Fragen stellte. „Da hast du ja in der kurzen Zeit viel erlebt“, meinte er nach der Schilderung seines Freundes, „bei uns ist, den Göttern sei Dank, nichts mehr vorgefallen. Wie wird es wohl weitergehen, wenn wir morgen zum Legionslager zurückkehren?“ „Ich denke, dass man in nächster Zeit gegen die Chatten vorgehen wird, um ihnen die Lust auf weitere Überfälle nehmen wird.“ Am nächsten Morgen machte sich Manius mit seinen Männern auf den Weg nach Mogontiacum. Sie erreichten ohne Zwischenfälle das Lager und die Mannschaften suchten ihre Quartiere auf. Nachdem Manius bei Quintus seinen Bericht beendete, schaute sein Gegenüber sorgenvoll Richtung Fenster. „Das sind keine guten Nachrichten. Gestern hat uns ein Bote aus Rom die Nachricht überbracht, das Kaiser Titus im Krankenbett gestorben ist und sein Bruder Domitian zum neuen Kaiser aufgerufen wurde und deine Schilderung bedeutet auch nichts Gutes. Wir müssen uns jetzt eine Taktik einfallen lassen, um die Chatten nachhaltig zurückzudrängen. In den kommenden Tagen werde ich Vorbereitungen treffen lassen, um eine Strafexpedition gegen die Chatten einzuleiten. Teile den Kohortenführer mit, das wir uns morgen früh im Stabsgebäude treffen und alles weitere besprechen!" „Ich führe deinen Befehl aus", entgegnete Manius, „wir müssen den Chatten zeigen, dass Sie uns mit ihren Überfällen nicht vertreiben können. Dieses Vorhaben ist auch sicher im Sinne des neuen Kaisers", mit diesen Worten verabschiedete er sich von Quintus.

Nachdem alle Kohortenführer und Tribunus Octavianus am nächsten Morgen bei Quintus eingetroffen waren, begann er mit seinen Ausführungen. „Gestern hat mir Centurio Manius mitgeteilt, das die Chatten unsere neue Grenzschneise immer wieder mit Überfällen unseren Legionären Verluste zufügen. Deshalb habe ich beschlossen, eine Strafexpedition durchzuführen. Aber seid gewarnt, die Chatten sind im Gegensatz zu den anderen Germanen gesittete Krieger in einer Schlachtordnung, ähnlich wie unsere Legionen. Das macht sie so gefährlich. Sie waren schon bei der unrühmlichen Varusschlacht vor 70 Jahren dabei und erbeuteten die Legionsadler." „Welche Taktik schlägst du vor, Herr?", fragte ein Kohortenführer, „um sie für lange Zeit zurückzudrängen." „Wir werden die Chatten tief in ihr Gebiet zurückjagen und alle Höfe und Siedlungen abbrennen, die wir finden. Die Hälfte meiner Legion wird diesen Vorstoß in Angriff nehmen, die andere bleibt zur Sicherung meines Lagers hier. Der Angriff wird in drei Tagen erfolgen, nachdem die Vorbereitungen abgeschlossen sind,

Tribun Octavianus wird die Führung übernehmen!“, damit endete Quintus mit seiner Rede. Ein zustimmendes Gemurmel der Anwesenden war die Antwort.

Feldzug gegen die Chatten

Am frühen Morgen des vierten Tages marschierten fünf Kohorten über die Rhenusbrücke Richtung Chattenland. Die Offiziere auf ihren Pferden führten die Legionäre an. Für Romulus und Marcus war es der erste größere militärische Einsatz. Da sie im Rang eines Decurio standen, hatte jeder den Befehl über zehn Legionäre, würden sie ihre erste Bewährungsprobe überstehen?

Die erste Strecke war den beiden bekannt, sie verlief zu dem Höhenkamm Richtung Erdkastell, das sie vor einigen Tagen aufgesucht hatten. Nach ihrer Ankunft schanzten die Legionäre ein Feldlager neben dem Erdkastell und Servius informierte den Tribun, was sich in den letzten Tagen ereignete. Das Kastell war mehrere Male überfallen worden und Servius beklagte fünf tote Legionäre. „Die Feinde kamen wie ein Schatten durch den dichten Wald und bedrängten uns von allen Seiten. Unsere getöteten Kameraden hatten keine Möglichkeit, den unheimlichen Wurfäxten auszuweichen. Wir konnten auch mehrere töten, aber so schnell wie die Angriffe stattfanden, waren die Feinde wieder im undurchdringlichen Wald verschwunden. Es wird Zeit, ihnen eine Lektion zu erteilen und deshalb freue ich mich über euren Auftrag“, damit endete Servius mit seinen Ausführungen.

Nach der Besprechung mit seinen Kohortenführer befahl Octavianus, das einige Legionäre als Kundschafter die nähere Umgebung durchforschen, um bei dem nachfolgenden Vorstoß in keine Falle zu laufen. „Romulus, dir als neuen Decurio übertrage ich diese Aufgabe, bei deinen zugeteilten Männern sind nur lang gediente Legionäre dabei, die dich bei deiner

Aufgabe unterstützen. Ich hoffe, du kommst mit guten Nachrichten zurück.“

Romulus ließ seine Männer in breiter Formation durch den Wald schleichen, Reitpferde wären bei dieser Aufgabe ein Hindernis gewesen. Ohne Feindberührung erreichten sie nach einiger Zeit einen Hügel, den sie mit aller Vorsicht, jeden Baum und Erdhügel als Deckung nutzend, hinauf schlichen. Da Romulus die Schar anführte, sah er als erster den feindlichen Krieger, der wohl oben als Wache abkommandiert war. Da dieser angespannt in die andere Richtung schaute, konnte ihn Romulus mit einem gezielten Speerwurf in den Rücken lautlos ausschalten. Mit brechenden Augen sank der Wachtposten auf den Waldboden.

„Das war ein guter Wurf für einen Neuen!“, stieß leise ein alt gedienter Legionär aus, „wir sind sicher in der Nähe einer größeren Gruppe.“ Vorsichtig pirschten sie weiter auf den Hügelkamm und erspähten dann in einiger Entfernung ein Feldlager der Chatten. Das Lager befand sich in der Ebene, gut gewählt da man herannahende Feinde schnell wahrnehmen würde. Romulus konnte ungefähr 500 Krieger ausmachen, die sich zwischen den Zelten bewegten. Wie eingraviert prägte sich das Bild in sein Gedächtnis und so detailgenau würde er Octavianus berichten. Mit aller Vorsicht, es waren sicher noch einige Posten in der Umgebung, zog sich Romulus mit seinen Männern zurück. Gegen Abend erreichten sie die Wartenden und Romulus klärte seinen Tribun auf.“ Deine erste Aufgabe hast du gut gelöst“, war seine Anmerkung, „ich werde jetzt die Kohortenführer informieren und morgen brechen wir in aller Frühe auf.“

„Legionäre, heute müssen wir einen Sieg erringen. Wie wir von Romulus wissen, befindet sich das Lager der Feinde einen halben Tagesmarsch von hier auf einer Ebene und unser Angriff muss deshalb von allen Seiten erfolgen, damit keinem von denen die Flucht gelingt. Sonst könnte einer den Stamm vor uns warnen. Wir brechen jetzt auf und achtet darauf, so leise wie möglich die Strecke zu überwinden. Man weiß nie, ob wir auf Kundschafter der Gegner treffen", nach diesen Worten des Tribuns erfolgte der Aufbruch. Da die Pferde an der Leine mitgeführt wurden, kamen sie nur langsam voran. Die Feinde fühlten sich sicher, der tote Posten war wahrscheinlich noch nicht gefunden. Es kam deshalb zu keiner Sichtung eines weiteren Wachpostens. Die Feinde rechneten nicht mit einem Vorstoß der Römer. Mit großer Befriedigung nahm Octavianus den Umstand wahr und schickte dann in der Nähe des feindlichen Lagers seine Kundschafter aus, um die noch vorhandenen Wachtposten lautlos zu töten.

Nach einer gefühlt endlos langen Zeit kamen sie zurück und erklärten Octavianus, das sie ihre Aufgabe erfüllt hätten. „Sehr gut", wandte er sich dann an seine Männer, „wir kreisen jetzt die Feinde rundum ein und nach dem Signal meines Hornbläsers starten wir den Angriff!" Nachdem alle auf ihren Plätzen waren, erschollten drei Hornstöße und die Legionäre stürmten mit schnellem Tempo von allen Seiten auf das Feindlager zu.

Die Überraschung währte nur kurz, da die Feinde schnell eine Verteidigungslinie durch ihre Disziplin aufbauen konnten. Romulus sah mit Erschrecken, wie neben ihm einige Legionäre durch die Wurfäxte zu Fall kamen. Dicht gebeugt über seinem Pferd zielte er mit seinem Speer in die erste Reihe der Verteidiger und traf den Ersten an der Kehle. Fast schon im gleichen Moment befand er sich in den Reihen der Verteidiger und hieb mit seinem Schwert nach dem nächsten Angreifer. Er stieß ihm die Klinge in den offenen Mund und mit einem Blutschwall fiel dieser um. Sofort drängte der nächste Feind nach und im letzten Moment wehrte Romulus den Hieb ab. Der Chatte war kampferfahren und Romulus kam bei den Schwerthieben stark in Bedrängnis. Plötzlich war Marcus neben ihm und konnte dem Angreifer mit einem gezielten Schwertstoß in die Brust zu Fall bringen.

Mittlerweile stieg ein widerwärtiger Gestank über das Schlachtfeld, der nach Blut und Fäkalien roch. Beide kämpften jetzt Rücken an Rücken und töteten so mehrere Widersacher, ohne größere Verletzungen davonzutragen. Da Octavianus Männer in der vierfachen Überzahl waren, wurde der Kampf siegreich entschieden. Die restlichen Überlebenden suchten ihr Heil in der Flucht, fielen aber den Verfolgern in die Hände und wurden gnadenlos niedergemetzelt.

Damit war das erste Ziel erreicht, der Tribun ließ zum Sammeln blasen und die Soldaten suchten das Schlachtfeld nach ihren Kameraden ab. Es waren siebenundvierzig Tote zu beklagen und eine Vielzahl von Verwundeten. Der Tribun ließ die Toten bestatten und beauftragte eine Centurie, die Verletzten in das Feldlager zurückzubringen. Nachdem die getöteten Feinde an den Rand des Lagers gebracht wurden, richteten sie sich in den Zelten der Feinde für die Nacht ein.

Der Aufbruch am nächsten Tag erfolgte in aller Frühe, der Tribun ließ seine Truppe gen Osten marschieren, in der Hoffnung, auf Siedlungen zu stoßen. Diese Richtung war eindeutig, weil in der Ferne Rauchschwaden zu erkennen waren. Sie ritten über eine weite Ebene, die sich mit Wäldern und Wiesen abwechselte. In der Ferne tauchte ein blaues Band auf, das sich beim näher kommen als einen Fluss herausstellte, den sie in einer Furt passierten. Da der Tribun über eine grobe Karte verfügte, die bei Vorstößen vor längerer Zeit angefertigt wurde, bewegten sie sich tief ins Chattenland hinein.

Die beiden Freunde nutzten bei dem Ritt die Gelegenheit, sich über den gestrigen Tag zu unterhalten. „Wenn du nicht eingegriffen hättest, hätte mich der Chatte niedergemacht. Jetzt kann ich verstehen, warum diese als gute Kämpfer gefürchtet sind“, meinte Romulus. „Das ist doch klar, bei uns beiden steht jeder für den anderen ein“, erwiderte Marcus, durch diesen Umstand werden wir wohl die kommenden Kämpfe erfolgreich bestehen.“ „Ja, du hast Recht, ich möchte irgendwann eine Familie gründen, und dir ist sicher aufgefallen, dass mir deine Schwester Flavia sehr gut gefällt.“

Das Gespräch der beiden unterbrach abrupt, weil der Tribun ein Haltezeichen gab. Mittlerweile passierten sie mehrere Getreidefelder und der Befehl lautete, diese in Brand zu setzen. Dadurch wurden die Chatten ihrer Nahrungsgrundlage beraubt. In der Nähe sah man schon eine Siedlung und der Tribun ließ zum Angriff blasen. Gegen die Übermacht der Römer konnten die Bewohner nichts ausrichten, es waren überwiegend Alte, Frauen und Kinder, die Alten wurden auf Befehl von Octavianus erbarmungslos getötet. Die sechs Frauen mit ihren elf Kindern ließ der Tribun am Leben, denn als Sklaven waren sie im römischen Reich unersetzbar. Nachdem die wenigen Holzhäuser in Brand gesetzt wurden, schickte der Tribun die Sklaven mit zehn abkommandierten Legionären in das Legionslager zurück. Bei dem weiteren Vorstoß wären die Frauen und Kinder nur hinderlich gewesen.

Sie folgten nun der Nidda flussaufwärts und erkannten voraus ein größeres Gebirge. Der Tribun ließ halten und sprach zu seinen Männern: „Die alten Aufzeichnungen haben ergeben, dass am Rande dieses Gebirges die neue Hauptsiedlung der Chatten liegen muss. Wir werden am Fuß der Gebirgskette unser Nachtlager aufschlagen und uns morgen auf die Suche begeben. Bereitet euch vor, die Chatten sind starke Krieger, es wird nicht leicht werden, sie zu besiegen.“

Die Schanzarbeiten für das Nachtlager waren abgeschlossen und die Legionäre wärmten sich an den Lagerfeuern, trotz der Sommerzeit herrschte eine gewisse Abendkälte. Oder war es die Art gefühlte Kälte durch das Ungewisse, was in den nächsten Tagen auf sie zukommen würde? Die beiden Freunde saßen an einem der Feuer zusammen und sprachen sich gegenseitig Mut zu, auch weil ihnen als Neulinge doch eine gewisse Kampferfahrung fehlte,

„Wenn wir heil zurückkommen, sollten wir den Göttern ein Opfer bringen, damit wir weiterhin beschützt werden“, dachte Marcus laut vor sich hin und Romulus bestärkte ihn bei diesem Ansinnen. Aus dem Wald drangen viele unbekannte Geräusche und vielen Legionären wurde es mulmig in dieser unbekannten Umgebung. Das waldreiche Germanenland wirkte seit langem auf die Römer sehr bedrohlich. Auch die Menschenopfer der Druiden an gefangenen Feinden waren allseits bekannt.

Romulus und Marcus waren seit ihrer Jugendzeit keine Schlachten gewohnt, auch sie versuchten, mit den neuen Erfahrungen in diesem Land zu Recht zu kommen. Am nächsten Morgen bekam jede Kohorte von Octavianus den Auftrag, in verschiedene Richtungen auszuschwärmen, um die

Chattensiedlung zu suchen. Da nur die Offiziere beritten waren, verblieben die Legionäre im Lager. Die beiden Freunde waren mit ihren Centurien dem Kohortenführer Firminius unterstellt und ritten unterhalb der Gebirgskette Richtung Süden. Gegen Mittag erreichten sie ein kleines Wäldchen und gewahrten durch den Blätterwald die Umrisse von vielen Häusern. Sofort gingen alle durch den leisen Zuruf von Firminus in Deckung. Angestrengt wurde die Umgebung mit den Augen abgesucht, um eventuelle Wachposten zu entdecken. Aber die Chatten rechneten wohl in ihrer Gegend nicht mit einem Überfall und waren deshalb ziemlich sorglos.

Firminus nahm die beiden Freunde mit, um die Lage vor Ort abzuklären, während der dritte Centurio die Pferde bewachte. Langsam, ohne ein Geräusch zu verursachen robbten sie die letzten Meter an den Waldrand. In Deckung liegend, wurde die Siedlung begutachtet. Es standen viele Langhäuser aus Holz, für die Germanen typisch, in ungeordneter Weise auf der großen Fläche. Dazwischen bewegten sich Nutztiere und die Bewohner waren mit allerlei Arbeiten beschäftigt. Es war nirgendwo ein Krieger zu sehen, offenbar befanden sie sich auf ihren Raubzügen.

Plötzlich trat ein Krieger aus dem größten Langhaus heraus und saugend die frische Luft einatmete. Nach und nach kamen an die hundert Chatten in voller Bewaffnung aus dem Gebäude. Es hatte wohl eine Beratung stattgefunden, aber die Beobachter konnten natürlich diesen Grund nicht erkennen. Eine kleine Gruppe näherte sich gefährlich nahe an den Waldrand und unterhielte sich. Firminius, ein erfahrener Soldat ließ die beiden Freunde auf Befehl zurück und schlich sich leise in die Nähe der Gruppe. Nachdem er wieder zurückkam, flüsterte er: „Die Chatten haben vor, alle Krieger aus sämtlichen

Siedlungen zu sammeln, um dann Mogontiacum anzugreifen. Ein Glück, das wir rechtzeitig von diesem Vorhaben erfahren. Der Sammelplatz soll in der Nähe unserer Grenzschneise liegen." Der Schock auf diese Nachricht stieg den Freunden mächtig in die Glieder. „ Wir ziehen uns vorsichtig zurück und müssen so schnell wie möglich Octavianus in Kenntnis setzen!" Nachdem Firminius Truppe in sicherer Entfernung war, galoppierten sie in aller Eile zu ihrem Lager zurück.

Octavianus griff sich nachdenklich an seine Stirn ob dieser Botschaft und ordnete den morgigen Rückzug an. „Wir müssen diesem Angriff zuvorkommen, übernachten hier und morgen früh müssen alle Spuren des Lagers beseitigt werden. Die Chatten dürfen nicht erfahren, dass wir hier waren, sonst sind sie gewarnt. Morgen früh sende ich Decurio Marcus zu Quintus, damit er von der neuen Lage erfährt und die nötigen Vorbereitungen treffen kann. Wir brechen nach der Spurenbeseitigung auch auf und suchen uns dann einen Hinterhalt in der Nähe der Grenze!" Nachdem die restlichen Kundschafter ohne einen Feindkontakt eingetroffen waren, auch sie wurden informiert, machten sich alle bereit für die Nacht. Auf Befehl des Tribuns wurden keine Feuer entfacht, damit ihr Vorhaben nicht im letzten Moment scheitern würde.

In aller Frühe sattelte Marcus sein Pferd, um nach einer kurzen Stärkung los zu reiten. „Viel Glück und achte auf versprengte Chatten, die deinen Weg kreuzen können", ermahnte ihn Romulus. Nach einiger Zeit war Marcus nicht mehr in der Ferne auszumachen. Die Legionäre führten die Anweisungen des Tribuns aus und gegen Mittag begann der Rückzug. Als sie an der zerstörten Siedlung ankamen, bemerkten sie in der Nähe einige Feinde, die ihre Toten bestatteten. Sofort schickte Octavianus eine Centurie los, um die Krieger gefangen zu nehmen. Mit dem Hintergrund, noch mehr Einzelheiten über den bevorstehenden Angriff auf das Legionslager zu erfahren, hoffte er, die Gefangenen zum Reden zu bringen. Durch die Überzahl seiner Leute war es ein kurzes Gemetzel, die Feinde kämpften verbissen, aber drei Chatten konnten mit nicht lebensbedrohlichen Verletzungen gefasst werden. Aber trotz Folter war aus keinem der Gefangenen ein Wort herauszuholen, deshalb wurden auch sie getötet.

Einige Legionäre wurden nun beauftragt, alle Spuren der Kämpfe zu beseitigen, damit der Gegner nicht misstrauisch würde.

Es begann schon zu dämmern, als sie das ehemalige Lager der Chatten erreichten. Alle Zelte waren schon abgebaut und die Toten hatte man sicher irgendwo bestattet. Von dem stattgefundenen Kampf war kaum noch was zu erkennen. Bei den Göttern, Octavianus Gedanken kreisten um das weitere Vorhaben der Feinde. Ahnten sie, dass ihr Angriff auf Mogontiacum durchgesickert war?

Der Tribun schob seine Überlegungen zur Seite und gab die neuen Befehle aus: „Wir richten ein Nachtlager am Rand der drüben liegenden Hügelkette ein und morgen suchen wir in dieser Umgebung einen passenden Platz für einen Hinterhalt. Wie es aussieht, ist das sehr wahrscheinlich die Strecke zu unserer Grenzschneise, den die Feinde schon früher genommen haben. Bei der Errichtung des Nachtlagers stellt Romulus mit seinen Legionären Wachtposten an geeignete Plätze, um rundum die Gegend zu beobachten.“ Alle Befehle wurden nun zügig in Angriff genommen.

Romulus platzierte seine Männer auf strategisch günstige Positionen und lief in einigen Zeitabständen die Posten ab.

Gegen Mitternacht kam die Ablösung, die Nacht blieb weiterhin ruhig bis zum Morgen.

Octavianus war am Morgen ziemlich gereizt, unruhig, mit vielen Überlegungen wegen der bevorstehenden Schlacht, wirkte er ziemlich unausgeschlafen. Welche Taktik war die Richtige? Die Legionen von Varus waren damals in den unheimlichen Wäldern Germaniens umgekommen. Doch dann erkannte er, dass er hier im Vorteil war. Das Vorhaben der Feinde war ihm bekannt und er konnte diesen Umstand zu seinem Vorteil nutzen. Arminius befahl damals seinen Kriegern, die Römer ständig von allen Seiten zu attackieren und der Erfolg hatte ihm Recht gegeben. Diese Taktik würde er auch umsetzen, der Erfolg von Arminius war ja bekannt. Jetzt, in besserer Laune befahl er seinen Kohorten, die Umgebung für einen guten Hinterhalt, wo man über die Feinde von beiden Seiten herfallen kann, abzusuchen.

Romulus begab sich mit seinen Legionären, nach allen Seiten sichernd, auf den Waldhügel, wo er vor einiger Zeit den Wachtposten ausschalten konnte. Von oben hatte man eine gute Sicht über die Hügelkette. Seine Augen brannten wegen der Anstrengung, um Feinheiten im Gelände auszumachen. Auch er kannte die Geschichte von Varus und Arminius und hoffte, die gleichen Gegebenheiten vor zu finden. Wenn ich diese passende Möglichkeit finde, so dachte er für sich, kann ich auch zu dem Sieg beitragen und Quintus wird es zu schätzen wissen.

Er brauchte eine Zeit lang, aber dann erblickte er zwischen den Hügeln eine natürliche Waldschneise, die bestens für das Vorhaben geeignet war. Sofort ritt er mit seinen Männern in diese Richtung, vor Ort stellten sie an Hand der vielen Spuren fest, das diese Strecke von den Feinden bei ihren Überfällen benutzt worden war. Das Gelände war ideal, um sich in den waldbedeckten Hängen auf die Lauer zu legen und dann überraschend zuzuschlagen. Romulus überkam ein Glücksgefühl, das gerade er diese Stelle gefunden hatte. Diese Anfangserfolge in den letzten Tagen würden ihm sicher für seine militärische Laufbahn nützlich sein.

Mit diesen guten Nachrichten kehrten sie zurück zu Octavianus. „Das war ein erfolgreicher Tag für uns“, meinte der Tribun, „die anderen Kohorten sind ohne ein besseres Ergebnis zurückgekehrt. Es ist bereits später Nachmittag, wir übernachten im Lager und morgen wird uns Romulus zu der Stelle führen, die er beschrieben hat.“

Am frühen Morgen des nächsten Tages ritt der Tribun mit seiner gesamten Truppe zu der Stelle, die Romulus für den Überfall geeignet hielt. Der Ort lag mitten in einer Hügelkette, in der sich die Waldschneise mit kleinen Grasflächen abwechselte.

„....Achtung, es droht Gefahr“, „rief plötzlich ein Kohortenführer, „ich sehe eine Staubfahne über der Hügelkette.“ Alle wandten sich in diese Richtung und sahen dann eine größere Reitertruppe aus dem Wald galoppieren. Sofort griff jeder zu seinen Waffen und ging auf Befehl in Verteidigungsstellung. Als die Reiterhorde näher kam, erkannten die Legionäre, dass es eine römische Truppe war.

„Wir sind auf Befehl von Quintus hier“, berichtete Marcus dem Tribun, „diese 100 Bogenschützen sind dir noch als zusätzliche Verstärkung abkommandiert worden.“ „Sehr gut“, meinte der Tribun, „die sind hervorragend für mein Vorhaben geeignet.“

Er ließ seine Kohortenführer für eine Lagebesprechung zu sich kommen um seine Befehle bekannt zu geben: „Ihr besetzt mit euren Legionären rund um den Talkessel die Waldhöhen in angemessener Lauerstellung, jedem Führer werde ich zwanzig Bogenschützen mitgeben, die mit einem Pfeilhagel den Angriff beginnen werden. Ich werde auf dem höchsten Punkt der Hügelkette den Angriff durch meinen [1]Hornbläser einleiten. Vorab errichten wir auf der anderen Seite ein Feldlager um von da ohne Pferde die Stellungen zu beziehen. Jede Kohorte stellt mir 100 Legionäre ab, die je zur Hälfte den Ein- und Ausgang des Talkessels in Deckung bleiben und dann besetzen, nachdem die Feinde angegriffen werden."

Nachdem die Befehle ausgeführt waren, befand sich Romulus auf der Südseite der Hügelkette in Lauerstellung. Die Nacht war schon angebrochen, er lag auf dem Rücken und schaute in den klaren Sternenhimmel. Die warme Luft dieser Sommernacht war angenehm und er konzentrierte sich auf die vielen Geräusche, die durch den Wald verursacht wurden. Plötzlich hörte er ein knackendes Geräusch, welches nicht in die Umgebung passte. Er griff schnell nach seinem Schwert, hörte aber dann eine bekannte Stimme.

„Gut, das Firminus mit seiner Kohorte diese Stelle ausgesucht hat", flüsterte Marcus, der in der Deckung zu Romulus gekrochen war, „hier haben wir eine gute Übersicht und können schnell zuschlagen."

„Das finde ich auch, aber wenn uns die Überraschung nicht gelingt, wird es auch schwer für uns alle. Ich setze meine Hoffnung auf die Bogenschützen, die große Verwirrung

---

[1] akustische Befehlsübermittlung

stiften werden und schon viele Feinde in den Tod schicken können."

„Ja Romulus, du hast Recht, wir sind noch zu jung, um hier bei dieser Schlacht zu sterben. Auch habe ich noch eine gute Nachricht im Lager erfahren. Ein Bote überbrachte Quintus ein Schreiben aus Rom und hatte für mich auch eine Nachricht. Mein Vater kommt in den nächsten Wochen nach Mogontiacum, um sich über unser junges Militärleben zu erkundigen."

„Das passt gut zu meinen Überlegungen", meinte Romulus, „ich würde gern mit deinem Vater über Flavia reden, weil ich sie, wenn sie auch möchte, zu meiner Frau nehmen würde. Bei meinem Besuch bei euch sind wir uns näher gekommen, wir empfinden vieles gemeinsam."

„Meine Zustimmung ist dir sicher", erklärte Marcus, „aber ich muss zurück zu meiner Centurie, sonst bekomme ich Ärger mit Firminus, er kontrolliert uns in kurzen Zeitabständen."

Der Rest der Nacht verlief ohne Zwischenfälle und keiner konnte vorausahnen, wann der Feind kommen würde. Der Tribun ließ an alle mitteilen, die Stellungen zu halten, bis der Feind in Sicht käme. Es wurde ein langer heißer Sommertag und jeder versuchte, der Hitze aus dem Weg zu gehen. Alle waren in Alarmbereitschaft. Da sie Proviant für zwei bis drei Tage mitnehmen konnten, durfte das Ausharren nicht länger andauern. Der Tribun war der Meinung, dass diese Zeit reichen würde.... Wenn er sich irrte, könnte seine Taktik nicht aufgehen.

Die Legionäre richteten sich für die zweite Nacht ein, an Schlaf war nicht zu denken und die Anspannung wurde immer größer. Viele beteten zu ihren Göttern, weil das Germanenland von den Soldaten insgeheim gefürchtet wurde.

Im Morgengrauen hörte Romulus plötzlich ein dumpfes Grollen aus nördlicher Richtung..... War es so weit? ...Kommt der Feind?

Angespannt blickten alle in diese Richtung und nach einiger Zeit waren die anrückenden Chatten schon in Sichtweite. Die berittenen Führer passierten den Taleingang, der Rest folgte ihnen in einer Marschkolonne. Der Tribun stellte von seinem Beobachtungspunkt erleichtert fest, dass der Feind durch sein Verhalten keinen Verdacht hegte. Nach kurzer Übersicht erkannte Octavianus, das sie nicht die Stärke seiner Truppen erreichten, aber es würde trotzdem ein harter Kampf werden.

Nachdem der letzte Chatte den Taleingang passierte und der Tribun zum Angriff blasen ließ, begann das Inferno......

Die Luft füllte sich mit sirrenden Pfeilen, von denen die meisten ihr Ziel trafen. Die heranstürmenden Legionäre warfen ihre Speere auf die überraschten Feinde und im Tal war nun das Echo der Kampf- und Todesschreie zu hören. Die Salve der Pfeile und Speere prasselten auf die Feinde und trafen deren Schädel, Brust und Schulter.

Der Überraschungsangriff hatte eine große Anzahl von ihnen getötet, aber jetzt gingen die Chatten zum Gegenangriff über. Es wurde nun Mann gegen Mann gekämpft und der Blutzoll stieg auch bei den Legionären. Der Boden unter ihren Füßen war mit Blut und Fäkalien besudelt und machte das Kämpfen nur noch anstrengender.

Von den Taleingängen zogen sich jetzt die abgestellten Legionäre zur Mitte hin, dadurch wurde der Kreis um die Chatten immer enger. Nach einem Hornstoß formierten sich die Legionäre in Dreierreihen, bildeten eine [1]Schildkröte und drängten die Feinde immer mehr in die Mitte, es gab kein Entkommen mehr. Sobald einer der Legionäre zu Tode kam, rückte jemand aus der zweiten Reihe vor.

Nur durch Zufall befanden sich die beiden Freunde in der vordersten Reihe und deckten sich gegenseitig ab. „Pass auf, ein Gegner zielt mit seinem Speer auf deinen Unterleib!“, rief Marcus, sofort zog Romulus sein Schild davor. Dadurch war seine obere Hälfte ungeschützt und sogleich hieb ein Chatte mit seinem Schwert Richtung Oberkörper. Marcus erkannte die Gefahr, parierte den Schwerthieb und Romulus stieß sein Schwert in den Unterleib des Gegners. Mit einem letzten ungläubigen Blick fiel dieser sterbend in den aufgeweichten Boden.

Das Tal war erfüllt von Kampfgeschrei und Waffenklirren aber Octavianus gewann mit seinen Männern die Oberhand. Als die Gegner ihrer Niederlage bewusst wurden, wandte sich der Rest zur Flucht in die Berghänge. Die Legionäre setzten den Flüchteten nach, wer sich wehrte, wurde erschlagen, der Rest ging in Gefangenschaft und wurden später als Sklaven verkauft.

„Das war ein guter Tag für uns“, begann der Tribun mit seiner Ansprache an die Legionäre, nachdem sich alle im Feldlager versammelt waren, „ihr habt gut gekämpft, ich bin stolz auf euch. Begrabt jetzt unsere toten Kameraden und versorgt unsere Verwundeten. Da wir auch noch an die dreihundert Gefangene haben, wird sich die Kohorte von Silvanus darum

---

[1] eine Formation, wo durch Schilder die Legionäre von oben und den Seiten abgedeckt wurden

kümmern. Nachdem alle Befehle ausgeführt sind, wird eine Ruhepause eingelegt, damit wir morgen nach Mogontiacum aufbrechen können."

Die beiden Freunde lagen gegen Abend an einem der vielen Lagerfeuer und Romulus meinte: „Das war unsere erste größere Schlacht und wir beide haben uns tapfer geschlagen."

„Ja, aber nur, weil wir uns immer gegenseitig gedeckt haben", erwiderte Marcus, „wenn wir in Zukunft so weiter handeln und uns gegenseitig schützen, dann könnten wir unsere militärische Laufbahn lebend abschließen."

„In dem Fall ich möchte gern mit deiner Schwester vorher eine Familie gründen und viele Kinder haben. Da meine Heimat in Pompeji in Trümmern liegt, werde ich mich später in hier irgendwo niederlassen und vielleicht eine Villa bauen, so ähnlich wie in meiner alten Heimat."

„Ich bin mir noch nicht sicher, ob ich doch irgend wann nach Rom zurückkehren werde, um die Geschäfte meines Vaters fortzuführen", dachte Marcus laut vor sich hin, „unser Getreidehandel ist in Rom sehr bekannt und wir können gut davon leben."

So langsam gewann bei den Beiden eine bleierne Müdigkeit die Oberhand und sie schliefen erschöpft ein bis zum Morgengrauen.

Es war einer jener Sommertage, an dem die Sonne schon frühmorgens ihre Hitze auf die Erde schleudert. Der Aufbruch begann deshalb mühevoll, den meisten schmerzten noch alle Glieder von dem gestrigen Kampf. Verletzte und Gefangene mussten versorgt werden, erst am späten Vormittag waren alle abmarschbereit. Der Fußmarsch war Kräfte zehrend, auch wegen der sengenden Tageshitze und jeder sehnte sich das etwas sichere Lagerleben mit den angenehmen Vorteilen herbei. Unterwegs wurde eine kurze Rast an dem Erdlager eingelegt und der Tribun klärte den Lagerkommandanten Servius über die Ereignisse der vergangenen Tage auf.

Es dämmerte schon, als die Marschkolonne das Legionslager erreichte. Der Tribun ließ die Verletzten versorgen und die Gefangenen sicher unterbringen. Der Rest der Truppe suchte ihre Stuben auf und Octavianus ging zum Stabsgebäude, um Quintus zu berichten. Nachdem er geendet hatte, sagte der Lagerkommandant erleichtert: „Ich glaube, jetzt können wir uns für die nächste Zeit sicher fühlen. Außerdem schicke ich regelmäßig Boten zu der Grenzschneise, die mir dann über außergewöhnliche Ereignisse berichten."

„Ja Herr, wir können uns unser Leben fortan etwas ruhiger gestalten."

Quintus beauftragte nun einen Sklaven, Wein und eine Abendmahlzeit zu bringen und beide unterhielten sich bis spät in die Nacht über die Vorgänge, die noch zu tätigen waren. Am nächsten Tag quollen die Schankräume in der Civitas über von Legionären, die ihren Urlaub nutzten, um mit der gewonnenen Schlacht zu prahlen und sich zu betrinken. Die beiden Freunde sicherten sich im letzten Moment einen freien Tisch in ihrer Stammkneipe und genossen in aller Ruhe ihren Mulsum. Plötzlich traute Romulus seinen Augen nicht. War das etwa sein alter Freund Rufus aus vergangenen Tagen, der sich angeregt mit dem Wirt unterhielt?

„Oh Marcus, wenn ich meinen Augen trauen kann, dann steht da drüben mein alter Freund aus vergangenen Tagen von

Pompeji oder die Götter spielen mir einen Streich. Ich trinke erst den zweiten Becher Mulsum, daran kann es nicht liegen!"

„Geh hin und überzeuge dich", meinte Marcus. Romulus durchquerte den Schankraum und zupfte den vermeintlichen Freund am Ärmel. Dieser drehte sich ärgerlich um. Seine Augen schienen in diesem Moment aus ihren Höhlen zu fallen und er rief voller Freude: „Bei allen Göttern, ich dachte schon, dich nie wieder zu sehen!"

„Auch ich dachte, dass sich unsere Wege für immer getrennt hätten und könnte mich mit der Zeit damit abfinden."

Beide umarmten sich überschwänglich und Romulus geleitete ihn an seinen Tisch. Nachdem er ihn Marcus vorgestellt hatte, nahmen die Fragen kein Ende. Zuerst berichtete Romulus, was er seit ihrem Abschied bei dem Untergang von Pompeji alles erlebt hatte.

Daraufhin erzählte Rufus seine Geschichte: „Als wir uns in Pompeji trennten, lief ich zu meinem Haus und fand meine Eltern tot in den Trümmern liegen. Da der Vesuv noch weiter Feuer, Asche und große Steine ausspuckte, sah ich auch mein Leben in Gefahr und rannte weiter zum Hafen. Dort konnte ich noch eins der letzten Schiffe besteigen und wir fuhren aufs offene Meer hinaus. Dann beobachteten wir, dass eine dichte Wolke vom Vulkan hinunter raste, unsere ganze Stadt begrub und alles Leben vernichtete. Mir fiel das Herz in die Hose, es hätte mich auch vernichtet. Da kein Zurückkommen möglich war, habe ich mich bis Rom durchgeschlagen und habe hier gehört, dass ich nach einer militärischen Ausbildung für die Legio XXI nach Mogontiacum versetzt würde. Heimatlos wie ich war, habe ich diesen Weg eingeschlagen und war jetzt im

Begriff, den Wirt nach dem Weg zum Legionslager zu fragen."

„Wir werden dich morgen Praefectus Publius vorstellen aber heute genießen wir unser Wiedersehen in vollen Zügen", meinte Romulus und gegen Mitternacht wankten alle drei in Richtung Lager.

Am nächsten Morgen erwachten sie mit riesigen Kopfschmerzen und es dauerte eine Zeit lang, bis sie in der Lage waren, Publius aufzusuchen. Rufus hatte den Rang eines einfachen Legionärs und wurde auf Bitten von Romulus in seiner Centurie aufgenommen.

Nun machte sich das angenehme Lagerleben bemerkbar, außer regelmäßigen Übungen konnte man es gut aushalten. Da Romulus einem Kurier einen Brief an Marcus Vater mitgegeben hatte, wartete er gespannt auf die Antwort. In dem Brief hielt er um die Hand von Flavia an und war voller Hoffnung, dass sein Wunsch erfüllt würde. Marcus erwähnte ja vor einiger Zeit, dass sein Vater ihn besuchen komme.

Eines Tages gegen Mittag rumpelte eine Reisekutsche mit großem Gefolge in das Legionslager und machte Halt vor dem Stabsgebäude. Zu aller Überraschung stieg Kaiser Domitian aus der Kutsche und begab sich zu Quintus ins Stabsgebäude. Wie sich später herausstellt, wollte der Kaiser sich um das Vorgehen an der Grenze und den errungenen Sieg über die Chatten erkundigen, um weitere Maßnahmen zu treffen. Romulus war zufällig in der Nähe und erkannte bei dem Aussteigen der restlichen Fahrgäste auch Artemis Tochter Flavia. Sein Herz rutschte vor Aufregung in die Hose. Sofort lief er zur Kutsche und begrüßte freudestrahlend die beiden Ankömmlinge.

„Ich konnte vor lauter Unruhe in der letzten Zeit nicht mehr schlafen und beschloss, euch beide zu besuchen. Auch, weil ihr beide so gut wie keine Erfahrung in militärischer Hinsicht sammeln konntet, machte ich mir große Sorgen. Zur meiner Freude sagte mir meine Frau, du möchtest meine Tochter Flavia zur Frau nehmen. Ich habe mit ihr darüber gesprochen. Sie fühlt das Gleiche wie du und wollte deshalb unbedingt mitkommen. Meine Bedenken wegen der gefahrvollen Reise hat sie einfach beiseite geschoben." Mit diesen Worten umarmte ihn Artemis. Romulus bedankte sich und sah dann Flavia tief in die Augen. Sie erwiderte seinen Blick, in dem Moment strömte eine Wärme in sein Herz, was er nie bis jetzt wahrgenommen hatte.

Mittlerweile war die Ankunft der Kutsche in aller Munde und Marcus kam eilenden Schrittes auf seinen Vater zu. Er umarmte ihn und seine Schwester mit großer Freude und die Fragen wollten kein Ende nehmen.

Nachdem der Besuch in der [1]Mansio ein komfortables Zimmer beziehen konnte, gingen Artemis und Flavia in den Schankraum. Hier waren sie mit den beiden Freunden zum Essen verabredet. Nach Dienstende erschienen beide im Schankraum und setzten sich freudestrahlend zu Vater und Tochter.

Das Essen bestand aus Oliven mit Tapas für die Vorspeise, als Hauptgericht eine knusprig gebratene Ente mit Gemüse und Hülsenfrüchte und zum Nachtisch Melcas, ein gewürzter Käse mit Honig versüßt. Dazu tranken sie Mulsum, einen kräftig gewürzten Wein.

---

[1] römische Herberge

Während des Essens entstand eine lebhafte Unterhaltung, weil jeder Neues zu berichten hatte. Nachdem Artemis die Berichte der beiden Freunde vernommen hatte, wurde er erst weiß im Gesicht aber dann keimte Stolz in ihm auf. „Wenn ihr so im Kampf aufeinander achtet, dann mache ich mir weniger Sorgen um euch. Aber vergesst nicht, den Göttern regelmäßig zu opfern. Es ist gut, sie auf eurer Seite zu wissen“, kommentierte er den Bericht der beiden.

Romulus hielt es jetzt nicht mehr auf seinem Stuhl aus, wollte er doch wissen, wie Artemis zu seinem Ansinnen stand. „Ja“, meinte der Vater, „Flavia war überglücklich, als sie von deinem Wunsch erfuhr, dich zur Frau zu nehmen. Da ich euch unbedingt aufsuchen wollte, lag sie mir tagelang in den Ohren, dass sie mitkommen wolle, um dich wieder zu sehen. Trotz der Gefahren der langen Reise war sie nicht davon abzubringen, mich zu begleiten.“ Während dieser Worte wurde Flavia rot im Gesicht und senkte die Augen nach unten. Romulus erging es ebenso. Aber dann trafen sich ihre Augen und die Gemeinsamkeit, die die beiden nun ausstrahlten, war für Vater und Sohn ein Eingeständnis der gegenseitigen Liebe zwischen dem Paar. „Dann ist die Sache beschlossen“, meinte Artemis, „heute Abend wird noch Verlobung gefeiert. Wann und wie wir die Hochzeit feiern, müssen wir noch klären.“ Auf diese frohe Botschaft hin wurde der Abend fröhlich beendet. Flavia begleitete die beiden Freunde noch zur Tür. Romulus nahm draußen Flavia in den Arm und sie ließ sich leidenschaftlich küssen, während Marcus wohlwollend in einiger Entfernung auf ihn wartete.

„Nach deiner Abreise habe ich fast Tag und Nacht an dich gedacht und hoffte, von dir eine Nachricht zu erhalten“, flüsterte Flavia zwischendurch, „als mein Vater dein Schreiben erhielt, musste ich ihn unbedingt auf seiner Reise begleiten, ich hatte solche Sehnsucht nach dir."

„Nicht in meinen tiefsten Träumen rechnete ich damit, dass ich dich so schnell wieder sehen würde. Ich fühle mich wie auf Wolken gebettet, dich jetzt in meinen Armen zu halten. Hier in der Siedlung ist vor kurzem ein schönes Haus frei geworden, weil der Besitzer, ein römischer Beamter, mit seiner Familie nach [1]Vetera versetzt wurde und Quintus über das Hausrecht verfügt. Ich denke, er wird es mir geben. Ich habe was gut bei ihm. Nach unserer Hochzeit haben wir dann ein schönes Heim für uns."

„Oh, das ist ein guter Anfang mein Liebster, aber ich muss jetzt zu meinem Vater, sonst macht er sich noch Sorgen."

Nach einem letzten Abschiedskuss war Flavia hurtig durch die Eingangstür verschwunden und Romulus ging mit Marcus in die Quartiere zurück. „Ich freue mich schon auf eure Hochzeit und bin froh, dass ihr beide ein Paar seid. Meine Schwester sieht richtig glücklich aus wegen dem Ausgang des heutigen Abends", bemerkte Marcus auf dem Weg zurück.

Die nächsten Tage verbrachte das Verlobungspaar schon mit der Einrichtung des Hauses, welches Quintus ihnen zugesichert hatte. Auch Artemis und sein Sohn waren mit Freude behilflich. Dann kam der Tag des Abschieds, denn auf Artemis warteten die Geschäfte in Rom, die er weiterführen musste. „Romulus, lass uns nicht zu lange warten", sprach Artemis, „Flavia trauert jetzt schon über eure Trennung, wir werden deshalb alles für eine Hochzeit vorbereiten, damit ihr

[1] Xanten in NRW

glücklich werdet.“ „Ja, ich komm so schnell wie möglich, sobald mich Quintus beurlauben kann, nach Rom.“

In den Tagen nach der Abreise, auch Kaiser Domitian wurde mit allen Ehren verabschiedet, war Romulus voller Trauer und er begrüßte es, das Quintus ihn mit seiner Centurie wieder an die Grenzschneise schickte. Dadurch konnte er abschalten und besann sich wieder seiner eigentlichen Aufgabe. Da seine Truppe beritten war, erreichten sie in kurzer Zeit das erste Erdkastell. „Mit eurem Besuch habe ich so schnell nicht gerechnet“, begrüßte ihn Servius, „nach unserem Sieg über die Chatten ist es hier so ruhig, man könnte meinen, wir sind in Urlaub.“ „Das freut mich, aber ihr müsst trotzdem die Augen offen halten, man weiß nie, ob nicht noch andere Germanen ihr Glück versuchen. Der Befehl von Quintus lautet, die Grenze weiter zu verstärken und mehr Wachtürme aus Holz zu errichten, damit ist euer Urlaub wohl zu Ende. Ich habe den Auftrag, alle Grenzlegionäre dementsprechend zu unterrichten.“

„Na ja, es wäre auf die Dauer eh langweilig geworden und dadurch kommen meine Männer auch auf keine dummen Gedanken“, antwortete Servius, bleibt heute Nacht hier und morgen könnt ihr ausgeruht weiter reiten.“

Der Abend gestaltete sich kurzweilig, weil die Kastellbesatzung alles Mögliche über den siegreichen Kampf gegen die Chatten wissen wollte. Nach und nach erloschen die Lagerfeuer und die Legionäre nahmen ihren verdienten Schlaf, nachdem Servius genügend Wachen aufgestellt hatte.

Am Morgen brach Romulus mit seiner Centurie auf und es ging weiter auf der Grenzschneise in Richtung Norden. Bis zum Rhenus gab es noch fünf Erdkastelle, die Romulus nacheinander aufsuchte und die Befehle von Quintus überbrachte. Seit der siegreichen Schlacht wurden von den Lagerkommandanten keine Überfälle gemeldet und Quintus war sicher froh über diese guten Nachrichten.

Es dämmerte bereits, als Romulus das Erdkastell am Rhenus erreichte. Kommandant Lucius war überrascht, die Centurie nach längerer Zeit wieder zu sehen und gab Anweisungen, Romulus und seinen Legionären ein Abendessen zu bereiten.

Nachdem alle gesättigt waren, zogen sich Romulus und Lucius zurück, um alles weitere zu besprechen. Lucius meinte wegen dem Auftrag von Quintus „Ich werde den ersten Wachturm in der Nähe unseres Lagers errichten lassen, dann haben meine Männer wieder Beschäftigung und ich meine Ruhe. Das lange Rumsitzen hat bei ihnen oft zu Streitigkeiten geführt und ich habe keine Lust mehr, immer wieder zu schlichten. Ich kenne meinen Streckenabschnitt und es wird wohl an die zehn Wachtürme geben, da haben wir genug zu tun. Berichte mir nun von der Schlacht, damit meine Neugier befriedigt wird.“ Der Kommandant hörte sich gespannt die Ausführungen von Romulus an und gelegentlich fragte er nach Einzelheiten. Der Abend wurde lang und zu später Stunde fielen auch sie todmüde auf ihr Lager.

Schon im Morgengrauen ritt Romulus mit seiner Truppe los, um tagsüber die ersten Schritte für den Bau der Wachtürme zu kontrollieren. In allen Erdkastellen waren die Legionäre damit beschäftigt, Bäume zu fällen, die für den Bau der Wachtürme benötigt wurden. Sie waren mit großem Eifer bei der Sache, weil dadurch auch ihre Sicherheit an der Grenze erhöht wurde. Gegen Abend erreichten sie das letzte

Erdkastell und verbrachten hier die Nacht, um dann am nächsten Morgen ausgeruht nach Mogontiacum zu reiten.

„Du überbringst mir gute Nachrichten“, sprach Quintus, „wenn die Wachtürme aufgebaut sind, dann haben wir eine bessere Kontrolle der Umgebung und sind gewappnet für künftige Überfälle. Das war auch der Auftrag von Kaiser Domitian, mit ihm ist alles abgesprochen. In der nächsten Zeit wirst du nun auch den normalen Lagerdienst verrichten, bis ich eine neue Aufgabe für dich habe. Du hast dich seit deiner Ankunft sehr bewährt und ich werde dich im Auge behalten.“

„Ja Herr, ich warte auf deine Befehle, die ich gern ausführen werde.“

Nach diesem Gespräch suchte Romulus seine beiden Freunde auf und sie verabredeten sich für den Abend in ihrer Stammkneipe.

„Unser Praefectus hat mich heute Vormittag informiert, das wir nun alle Lagerdienst verrichten müssen, weil im Moment keine Kampfhandlungen anstehen“, eröffnete Marcus die Gespräche, „und regelmäßige Übungsmärsche mit Gepäck werden auch noch durchgeführt.“ „Lass uns die ersten Becher leeren, denn heute Abend wollten wir uns doch amüsieren“, meinte Rufus, „und außerdem hat mir der Wirt ein süßes Mädchen angeboten, welches mir ein wenig Vergnügung bereiten wird. Es ist schon lange her, dass ich bei einer Frau gelegen habe.“ „Ich habe dich noch gut in Erinnerung“, erwiderte Romulus, „in Pompeji war keine Frau vor dir sicher, es gab ja schon Graffitis über dich und unser verstorbener Freund Diomedis hat dich darum sehr beneidet. Aber lasst uns lieber über die kommende Zeit reden, wer weis, was uns noch alles bevorsteht.“ Der Schankraum war brechend voll, viele gaben sich dem Würfelspiel hin und die Geräuschkulisse war manchmal unerträglich. Rufus war für einige Zeit verschwunden und kam dann mit strahlenden Augen zurück. „Es war herrlich mit ihr, ich werde sie öfters aufsuchen“, mit diesem Kommentar setzte er sich wieder zu seinen Freunden. Später in der Nacht sah man dann drei Gestalten wankend und lachend in Richtung Lager torkeln.

Die nächsten Wochen waren angefüllt mit Wache schieben, Strassen kontrollieren und ausgiebige Gewaltmärsche mit Gepäck. Rufus als einfacher Legionär reinigte zusätzlich Bäder und arbeitete noch im Straßenbau. Regelmäßig trafen sie sich abends in ihrer Stammkneipe um sich von den körperlichen Anstrengungen zu erholen.

Feldzug gegen die Daker

Kaiser [1]Domitians zunehmend harte Haltung in seinem Streben nach Eroberung trug dazu bei, das der dakische Fürst eine antirömische Koalition bildete und in römisches Gebiet einfiel. Darum lies der Kaiser Truppen aus seinen römischen Provinzen zusammenziehen, um gegen Dakien vorzugehen.

Deshalb wurden eines Tages die Kohortenführer und der Tribun Octavianus ins Stabsgebäude bestellt. „Meine Herren", begann Quintus mit seiner Ansprache, „ihr habt einen hervorragenden Sieg über die Chatten errungen und der Kaiser gab mir die Order, dass ihr mit anderen Truppen gegen [2]Dakien zieht, um dort den Aufstand niederzuschlagen. Morgen in aller Frühe marschiert ihr in Richtung Süden. Ein Zusammentreffen mit den Truppen ist in [3]Lauriacum vereinbart. Der Kaiser selbst führt euch dann gemeinsam gegen Dakien an. Bereitet alles vor, damit ihr morgen früh abmarschbereit seid!" Nachdem die Kohortenführer die Vorbereitungen trafen, instruierte der Legat seinen Tribun über die Einzelheiten.

Die Freunde waren überrascht über die neueste Entwicklung der Dinge und machten sich bereit für den morgigen Aufbruch. „Wenn ich heil aus dieser anstehenden Schlacht rauskomme", sprach Romulus zu seinen Freunden, „dann bitte ich unseren Legat, dass er mich nach Rom entsenden kann, um meine Hochzeit mit Flavia zu feiern. Ich versuche, euch beide dann mitzunehmen." „Wir begleiten dich gerne, wenn es uns gestattet wird", antworteten beide.

---

[1] römischer Kaiser, regierte von 81-96 n. Chr.

[2] Gebiet im heutigen Rumänien

[3] Lorch in Oberösterreich

Der beschwerliche Marsch nach Lauriacum wurde unterwegs von einigen Überfällen von aufständischen Germanen aufgehalten, aber die Legionäre bekämpften sie, ohne eigene Verluste hinzunehmen.

Als sich der Tribun mit seinen Kohorten Lauriacum näherte, war schon von weitem der Aufmarsch der Legionen zu erkennen. Nachdem Octavianus von seinen Männern ein Lager neben den anderen Legionen aufschlagen ließ, begab er sich zum Stabszelt des Kaisers. Alle Offiziere waren schon versammelt und der anwesende Kaiser begann mit seinem Lagebericht. „Meine Herren, der jetzige Umstand macht es nötig, die Daker über den [1]Danuvius zurückzuwerfen. Sie haben die Grenzprovinz [2]Mösien überfallen und ziehen weiter nach Norden, um unser römisches Reich zu schwächen. Wir müssen dem ein Ende bereiten, bevor sie noch weitere Gebiete besetzen. Deshalb werdet ihr mit euren vier Legionen gegen die Daker ziehen, damit die Grenzregion von ihnen befreit wird. Informiert eure Legionäre, das wir morgen Richtung Danuvius marschieren und die Daker zurückwerfen. Ich führe euch an und mögen die Götter, dass es gelingen wird!“ Ein zustimmendes Gemurmel erhob sich im Stabszelt und die Offiziere begannen mit den Vorbereitungen für den morgigen Abzug.

Die Kolonne kam nach mehreren Tagen in undurchdringliche Waldgebiete, wechselnd durch Gebirge und Täler. Immer wieder wurden sie kurz angegriffen und ebenso schnell waren die Feinde in den Wäldern verschwunden. Viele Legionäre wurden Opfer von Pfeilen, die plötzlich aus dem Blätterwald

---

[1]der Fluss Donau

[2] Grenzprovinz auf dem Balkan

auf sie niedergingen. Nach mehreren Tagen ließ Kaiser Domitian seine Offiziere nach der Errichtung des Nachtlagers zu sich kommen, um das weitere Vorgehen zu besprechen.

„Wenn wir so weiterziehen, rückt ein Sieg in weiter Ferne. Der Taktik des Feindes mit seinen kurzen Überfällen können wir nichts entgegensetzen. Unsere Legionen werden täglich mehr geschwächt und die Daker sind durch ihre Aktionen im Vorteil. Unsere Stärke liegt im Kampf auf offenem Gelände, deshalb müssen Kundschafter ausgesandt werden, um ein passendes Gebiet zu finden. Jede Legion stellt eine Centurie bereit, die sich dieser Aufgabe annehmen!“ Die Offiziere stimmten dem Kaiser zu und man begann, die Kundschafter auszuwählen.

Octavianus betraute Romulus mit dieser Aufgabe, er hatte sich in einer ähnlichen Situation hervorragend bewährt und erklärte ihm: „In der Vergangenheit hast du eine ähnliche Situation erfolgreich gelöst, darum setze ich dich auch hier als Kundschafter ein. Morgen früh reitest du mit deiner Centurie los!“ „Ja Herr, ich werde dich nicht enttäuschen“, war sein Kommentar und dann informierte er seine Männer.

Da Romulus große Ebenen in der Nähe des Danuvius vermutete, ritt er mit seinen Männern in diese Richtung. Die Jahreszeit war schon ziemlich fortgeschritten und die Wälder zeigten die ersten bunten Blätter. Sie ritten gemächlich durch den Blätterwald, aber nach allen Seiten sichernd wegen der Gefahren, die überall lauerten. Romulus war in seinen Gedanken bei Flavia und sehnte sich nach einer zärtlichen Umarmung mit ihr….. Wie aus dem Nichts sauste ein Pfeil haarscharf an seinem Kopf vorbei und sofort ließ er seine Männer Deckung suchen. Für drei Legionäre kam der Aufruf zu spät, sie sanken tödlich getroffen auf den Waldboden. Die Pferde führte ein Soldat unter Lebensgefahr aus der Gefahrenzone.

„Sie lauern drüben in der größeren Baumgruppe“, raunte Rufus ihm zu, der neben ihm lag, „das ist sicher eine Vorhut der Daker. Ich habe einige Gestalten ausmachen können.“ „Du hast gute Augen“, erwiderte er, „wir umkreisen sie und nehmen sie dann in die Zange.“ Romulus gab flüsternd einige Befehle durch und seine Männer krochen leise auf die Baumgruppe zu. Nachdem sie in Stellung waren, stürmten sie auf einen Ruf von Romulus auf die Feinde zu. Mit diesem überraschenden Angriff hatten die Daker nicht gerechnet. Bevor sie eine Gegenwehr starten konnten, wurden sie mit den Speeren niedergestreckt. Es war eine Gruppe von fünfzehn Kriegern, die überwiegend zu Tode kamen. Romulus befahl dann seinen Männern, die Überlebenden auch zu töten. Die Zahl der Feinde sollte bei jeder Gelegenheit dezimiert werden.

„Das ist sicher kein Zufall, hier eine Vorhut anzutreffen“, erklärte Romulus seinen Männern, „wir führen ab jetzt die Pferde an der Leine und pirschen uns weiter Richtung Danuvius vor, da werden wir sicher noch eine größere Anzahl sichten.“ Nachdem sie bergab fast den Waldrand erreichten, war schon aus der Ferne ein lauter Stimmenwirrwarr zu hören. Romulus ließ seine Männer Stellung nehmen und robbte mit Rufus an den Rand des Waldes. Was sie sahen, machte sie im Moment sprachlos. In der Ebene vor dem Fluss lagerte sehrwahrscheinlich die gesamte Streitmacht der Daker.

„Wir müssen sofort zurück und unseren Kaiser informieren, eine bessere Gelegenheit wird es sicher nicht mehr geben.“ „Du hast Recht“, meinte Rufus leise, „mit etwas Glück könnten wir einen frühen Sieg in einer offenen Schlacht erringen.“

Bei der Rückkehr, die ohne Zwischenfälle stattfand, informierte Romulus seinen Tribun und eiligst gingen beide zum Stabszelt. Hier trafen sie auf Kaiser Domitian und seine Offiziere. Nach kurzer Begrüßung begann Romulus mit seinem Bericht über die vorgefundene Lage.

„Das ist die beste Nachricht, die ich in den letzten Tagen erhalten habe“, meinte sichtlich erleichtert Domitian, „in einer offenen Feldschlacht sind unsere Legionen fast unschlagbar. Wir werden morgen in aller Frühe aufbrechen und Romulus zeigt uns den Weg. Noch heute besprechen wir die Schlachtordnung, damit jeder weiß, wo morgen sein Platz sein wird!“ Dann sprach er Romulus an: „Ich bin stolz auf dich. Wir sind ja über deinen Onkel verwandt und der Erfolg für uns wird deiner Familie weiteres Ansehen bringen.“

„Ja Herr, auch mein Onkel wird es dankend zur Kenntnis nehmen. Ich gedenke, seine Tochter Flavia zur Frau zu nehmen und ich hoffe, dass du mir nach unserem sicheren Sieg Urlaub zugestehst. Ich möchte dann nach Rom, um Hochzeit zu feiern und dann nach Mogontiacum zurückkehren!“

„Ich gestatte dir deinen Wunsch, aber bereite jetzt deine Centurie auf den morgendlichen Aufbruch vor!“

„Danke Herr“, damit verabschiedete sich Romulus und suchte seine Männer auf.

In aller Frühe brachen die vier Legionen auf und Romulus führte die sie in Richtung Danuvius, wo er gestern das Lager der Feinde entdeckte. Die Daker waren von der Ankunft der römischen Legionen durch Kundschafter in Kenntnis gesetzt worden und ihr König Decebalus suchte jetzt die Entscheidung herbeizuführen. Er lies seine Krieger in Reihen vor den herankommenden Legionen aufstellen und bildete zugleich je eine Flanke rechts und links.

Kaiser Domitian postierte sich auf einer kleinen Anhöhe mit einigen Offizieren, um seine Befehle je nach Schlachtsituation durch seinen Hornbläser den Legionen mitzuteilen. Da jede Kohorte eine berittene Centurie stellte, Romulus Männer gehörten dazu, wurden sie von Domtian an den Seiten postiert. Sie hatten den Auftrag, die Flanken der Feinde zu bekämpfen.

Die Heere standen sich nun gegenüber, die Sonne strahlte an diesem Vormittag gleißend über die weite Ebene und in einer herrschenden Stille erschall plötzlich das Kampfgeschrei der Daker. Domitian ließ seine Legionäre in Schildkrötenformation vorrücken und der Gegner stürmte jetzt ungestüm in die Reihen der Legionäre. Diese bildeten aber eine geschlossene Einheit, der jahrelangen Übung zu verdanken war und metzelten dadurch die gegnerischen Reihen gnadenlos nieder. Marcus stand in vorderster Reihe und sein Speer fand immer wieder eine Lücke, um einen Daker niederzumachen. Das Gebrüll und Schreien der Kämpfer klang, als würden tausende Viehherden abgeschlachtet. Gleichzeitig drangen die Daker mit ihren Flanken in die seitliche Aufstellung der Römer und fügten ihnen große Verluste zu. Romulus stürmte jetzt nach Ruf des [1]Cornuten in die Flanken der Feinde und sein Schwert hielt reiche Ernte. Rufus kämpfte an seiner Seite und sie schützten sich gegenseitig in dem Schlachtgetümmel. Durch die Übermacht der Römer geriet das Heer der Daker ins Wanken und nach und nach flüchteten einige über den Fluss, um den Legionen zu entkommen.

---

[1] Hornbläser

Der dakische König Decebalus erkannte rechtzeitig die ausweglose Situation und floh über den seichten Danuvius in Richtung der angrenzenden Berge. Das restliche Heer sah ihren König flüchten und sie folgten ihm nach. Als ein weiteres Mal das Signal des Cornus erklang, setzten die berittenen Einheiten der Römer den Fliehenden nach. Viele wurden von hinten mit dem Schwert erschlagen, doch einem Großteil gelang die Flucht.

„Sie haben schon genug!“, rief Romulus und überall in den römischen Linien brach der Jubel aus.

Kaiser Domitian lies ein Nachtlager aufschlagen und bestellte seine Offiziere in das Stabszelt. „Meine Herren“, begann er mit seiner Rede, „heute haben wir einen großen Sieg errungen und ich bin stolz auf meine Legionen. Zur Sicherheit lasse ich hier durch meinen Prätorianerpräfekten Fuscus und seinen Truppen eine Befestigung aufbauen, damit die Grenze unter unserer Kontrolle bleibt. Sucht vorher noch das Schlachtfeld ab, um die toten Kameraden gebührend zu bestatten. Morgen können die Einheiten wieder in ihre Stammlager zurückkehren. Ich begebe mich nach Rom, um unseren Sieg gebührend zu feiern!“ Ein zustimmendes Raunen erklang im Zelt und sie feierten den Sieg anschließend mit einem Weingelage an den vielen Lagerfeuern.

Am nächsten Tag begann der Aufbruch. Nachdem Romulus mit dem Kaiser vereinbarte, seine Freunde mit nach Rom zu nehmen, begleiteten sie ihn in der Gefolgschaft von Domitian. Auf der Reise war Romulus schon in Gedanken bei Flavia und er freute sich auf ein Wiedersehen. Die Zeit der Reise nach Rom war für ihn kurzweilig, weil er gedanklich die nächsten Schritte für seine Zukunft plante. Erst die Hochzeit, dann die

Reise nach Mogontiacum, der Bezug des neuen Hauses und sein Dienst in der Legion. Als Rom in Sichtweite kam, wurde Romulus immer ungeduldiger. Sie verabschiedeten sich vom Kaisertross und suchten das Haus von Artemis auf.

Wie groß war die Freude, als der Sklave Silanus den Freunden die Tür öffnete. Die ganze Familie stürzte sich auf die Ankömmlinge und bedrängte sie mit neugierigen Fragen. Romulus hatte nur Augen für Flavia und wollte am liebsten mit ihr alleine sein. „Legt erst mal euer Gepäck ab!“, meinte dann Artemis, „dann setzen wir uns zusammen, um eure Erlebnisse anzuhören. Ich freue mich, dass ihr wohlbehalten angekommen seid und mein Sohn Marcus viele militärische Erfahrungen sammeln konnte.“ „Ich muss dir noch meinen Freund Rufus vorstellen“, antwortete Romulus, „er ist ein langjähriger Freund aus Pompeji. Wir haben uns in Mogontiacum nach langer Zeit wieder getroffen und er dient in meiner Centurie.“ „Dein Freund ist auch uns herzlich willkommen“, antwortete Artemis, „er soll unser Gast sein.“ Jetzt endlich konnte Romulus seine Flavia in den Arm nehmen und sie schaute ihm überglücklich in die Augen.

Nachdem sie sich alle im Tablinum eingefunden hatten, berichteten die drei Freunde über ihre Erlebnisse der letzten Monate. Die Familie hörte gespannt zu und fragte zwischendurch nach Einzelheiten. Artemis war am Schluss voll des Lobes und meinte: „Ich glaube, ihr habt die richtigen Entscheidungen getroffen und ich bin sehr stolz auf euch.“ Romulus hielt es nicht mehr auf seinem Sitz. „Ich würde gern über die Hochzeit mit Flavia sprechen, jetzt wäre die richtige Zeit dafür.“ Flavia sah ihn dankend an und Artemis sagte: „Wir haben schon in der Vergangenheit alle Vorbereitungen getroffen, weil uns Flavia keine Ruhe gelassen hat. Sie kann es kaum erwarten, mit dir die Ehe einzugehen.“ Sie errötete nach den Aussagen ihres Vaters und suchte den Blick von Romulus. Er nickte zustimmend und sie begannen, ihr Vorhaben in die Tat umzusetzen. Am Vorabend der Hochzeit wurde Flavia mit einem weißen Gewand bekleidet und ihr langes Haar schmückte ein gelber Schleier. Am nächsten Tag begann in der Frühe eine Eingeweideschau im Haus von Artemis. Das Ergebnis war günstig und der Ehevertrag wurde unter der Familie als Zeugen verlesen. Dann wurde um ihre rechten Hände der beiden ein Band verknüpft und die Ehe war jetzt vollzogen.

„Mein geliebter Romulus, ich bin am Ziel meiner Träume. Dieser Tag ist der glücklichste meines Lebens“, sprach Flavia und schaute ihm in die Augen. Er küsste sie leidenschaftlich daraufhin und versprach ihr, das er sie sein ganzes Leben lang beschützen und lieben werde. Nach dieser Zeremonie setzten sich alle Gäste an das Bankett zum Hochzeitsmahl. Artemis Frau Sabina wandte sich an das Hochzeitspaar: „Ich hoffe auf Enkel von euch beiden, ein schöneres Geschenk könntet ihr mir nicht geben!“ Flavia senkte errötend die Augen und erwiderte: „Wir werden dir sicher deinen Wunsch erfüllen.“

Die Feier dauerte bis in die tiefe Nacht bis alle aufbrachen, um sich in ihr Nachtlager zu begeben. Das Brautpaar suchte jetzt, als sich die letzten Gäste verabschiedeten, Hand in Hand ihre Gemächer auf. Danach entledigten sie sich ihrer Gewänder und legten sich eng umschlungen in ihr Hochzeitsbett. Nach ihrer innigen Liebe lagen sie noch lange Zeit wach und redeten über ihre weitere Zukunft. „Ich freue mich auf unser gemeinsames Leben in Mogontiacum“, begann Romulus, „denn wenn ich nach meinem Dienst unser Heim aufsuche, wartet meine hübsche Frau auf mich und wir werden ein glückliches Leben haben." „Ja, ich denke genauso", erwiderte Flavia, „und unsere gemeinsamen Kinder, die wir uns wünschen, werden unser Familienglück noch steigern." Bis in die tiefe Nacht tauschten sie ihre Gedanken aus und schliefen dann erschöpft ein.

Am nächsten Tag begann die Familie für die Nachfeier ein Festmahl herzurichten, so wie es als Brauch üblich war. Romulus bemerkte während des ganzen Tages, dass sein Freund Rufus immer wieder die Nähe von Flavias Schwester Claudia suchte, um ihr sein Interesse an ihr zu zeigen. Auch Claudia war nicht abgeneigt und erwiderte Rufus Annäherungs-versuche. Die beiden versuchten, sich öfters abzusondern, um allein zu sein. Romulus machte sich so seine Gedanken und nahm sich vor, seinen Freund später deswegen anzusprechen. Der Tag endete harmonisch und die Freunde fanden Abstand zu den Erlebnissen aus den vorangegangenen Gefechten. Nach einer Woche, in der sie ruhige Tage erleben durften, kam unwiderruflich der Abschied. Den Freunden waren nur drei Wochen Urlaub vom Kaiser zugestanden worden und ihnen stand noch die lange Reise nach Germanien bevor. Es war ein tränenreicher Abschied, denn auch Flavia verließ ihr trautes Zuhause. Artemis teilte ihnen seine Sorgen mit, weil auf der Reise viele Gefahren zu überwinden waren. „Auf Befehl von Kaiser Domitian nehmen wir noch zwanzig Rekruten mit, die ihren Dienst in Mogontiacum antreten müssen", beruhigte ihn Romulus, „dadurch werden wir eine sichere Rückkehr haben." Am späten Vormittag ritten die Freunde mit ihrer Gruppe durch die Porta Flaminia in Richtung Norden. Für seine Frau Flavia hatte Romulus einen leichten Reisewagen eingehandelt, der von zwei Pferden gezogen wurde.

Die Reise verlief ohne Zwischenfälle und nach einigen Tagen näherten sie sich Brigantium. Hier war alles noch sehr vertraut, weil Romulus mit seinem Freund Marcus bei ihrer ersten Reise sicher übernachtete. Sie suchten das bekannte Tabernae auf und bekamen die letzten drei Zimmer für die Übernachtung. Die zwanzig Rekruten schlugen im Hof ihre Zelte auf und bereiteten ihr Abendessen auf dem Lagerfeuer zu.

Die Freunde und Flavia genossen ihr Essen im Schankraum und tranken dazu den Mulsum. Während der Mahlzeit wandte sich Romulus an Rufus: „Ich habe bei der Hochzeit bemerkt, dass du Flavias Schwester sehr umworben hast, was ist denn daraus geworden?“ „Wir beide sind zu der Ansicht gekommen, das wir viel füreinander empfinden und uns ab jetzt regelmäßig schreiben“, erwiderte Rufus, „ich denke nur noch an Claudia und hoffe, dass wir auch heiraten dürfen.“ Flavia wirkte überrascht. „Meine Schwester hat mir ein wenig berichtet, aber das ihr beide eine Familie gründen wollt, davon hat sie mir nichts erzählt.“ „Claudia und ich waren uns einig, unser Geheimnis später bekannt zu geben“, gab Rufus zu. Nun redete jeder wild drauf los und Marcus bemerkte zwischendurch: „Ich verliere meine Schwestern an meine Freunde, etwas besseres kann ich mir nicht vorstellen.“

Nach einer ruhigen Nacht und einem guten Frühstück begann am nächsten Morgen der Aufbruch. Nach zwei Tagen kamen sie am Kastell Argentoratum an und blieben hier eine Nacht. „Ich denke, dass wir in zwei Tagen unser Ziel erreichen“, sagte Romulus am nächsten Morgen, „darum lasst uns zeitig aufbrechen.“ Die herbstliche Sonne schickte ihre warmen Strahlen herab und Flavia erfreute sich an den vielen bunten Blättern, der Herbst konnte so schön sein. Auf der Strasse am Rhenus waren zeitweise viele Reisende unterwegs und sorgten deshalb für viel Abwechslung. Fuhrwerke, Reiter und Alleinreisende zu Fuß begegneten ihnen und jeder von ihnen hastete zu seinem Ziel. Flavia war überrascht von den unterschiedlichen Menschen, die ihnen begegneten und genoss die Reise an diesem schönen Vormittag.

Plötzlich waren voraus Rufe und Schreie zu hören. Als Romulus mit seinen Leuten um die Biegung kam, sahen sie, wie eine Horde Germanen einen römischen Reisewagen überfiel. Diese waren wohl über den Rhenus gekommen, um hier reiche Beute zu machen. In der letzten Zeit kam es immer wieder vor, dass Beutezüge der Germanen im römischen Territorium stattfanden.

„Vier Rekruten bleiben bei dem Reisewagen zum Schutz meiner Frau zurück“, schrie Romulus, „und der Rest folgt mir, um den Überfallenen da vorne zu helfen!“ In vollem Galopp erreichten sie den Kampfplatz und hieben mit ihren Schwertern auf die Germanen ein. Diese waren so überrascht von dem plötzlichen Angriff und wehrten sich verbissen gegen die Überzahl von Romulus Gruppe. Für die Rekruten war es der erste Einsatz in einer Kampfhandlung und durch ihre Unerfahrenheit ließen zwei von ihnen ihr Leben. Den Schwerthieben der Feinde konnten sie nicht ausweichen und sie fielen tödlich getroffen von ihren Pferden. Romulus und seine Freunde waren aber erfahrene Krieger und töteten den Rest in einem verbissenen Kampf.

„Das war Rettung im letzten Moment“, keuchte ein Reisender, „wie aus dem Nichts tauchten diese Germanen auf und unser Wagenlenker fiel als erster der Horde zum Opfer. Uns hätte das gleiche Schicksal ereilt, wenn nicht rechtzeitig eure Hilfe gekommen wäre. Ich danke euch.“ „Wir sind römische

Legionäre und deshalb zum Schutz unserer Bürger zuständig“, erklärte Romulus und war betrübt über das Schicksal der toten Rekruten. Er veranlasste deren Bestattung vor Ort, um die Toten im Nachhinein zu ehren. Dann erkundigte sich Romulus über die Insassen des Reisewagens und es stellte sich heraus, dass das Ziel Mogontiacum war. Mittlerweile war auch Flavia mit den restlichen Rekruten angekommen. Bestürzt nahm sie die Lage auf und trauerte um die beiden toten Rekruten, die sie während der Reise kennen gelernt hatte. Wie sich herausstellte, war es ein Römer namens Ursus, der sich nach dem Überfall bei Romulus bedankte. Er nannte ein großes Landgut sein eigen, womit er die Garnison in Mogontiacum mit Getreide und Fleisch versorgte. Sein Landgut lag südlich der Garnison in einer größeren Ebene, die einen ertragreichen Boden besaß. Nachdem Romulus ihm seine Situation erklärte, bat Ursus, das er als Dank seiner Rettung ihn und seine Frau zu einem Besuch einladen möchte. „Wenn es mein Dienst erlaubt, kommen wir gern auf dein Anwesen“, antwortete Romulus, „da mein verstorbener Vater auch über ein Landgut verfügte, interessieren mich eure Abläufe mit der Garnison.“ Marcus drängte zum Aufbruch, weil sie noch vor Anbruch der Nacht in Lopodunum ankommen wollten. Hier war die letzte Übernachtung eingeplant, bevor sie ihr Ziel erreichten.

Nach ihrer Ankunft in Mogontiacum begleitete Romulus die achtzehn Rekruten zu Praefectus Publius, damit dieser die Neuen auf einzelne Kohorten aufteilen konnte. Dann begab er sich mit seinen Freunden und Flavia zu Quintus, um sich zurückzumelden. „Tribun Octavianus berichtete mir, dass ihr bei der Schlacht gegen die Daker euren Mut bewiesen habt und dass Kaiser Domitian euren Urlaub für die Hochzeit gewährte. Somit grüße ich auch Flavia, die von nun an ihr Leben bei uns verbringen wird. Ich gebe euch noch zwei Tage Zeit, um das Nötige zu regeln. Dann geht zu Octavianus um neue Befehle entgegenzunehmen!“

„Wir bedanken uns für deine Großzügigkeit, Herr“, meinte Romulus, „auch im Namen meiner Freunde werden wir uns immer für den Dienst in deiner Garnison einsetzen.“ Anschließend suchten sie das neue Zuhause von Romulus und Flavia auf und richteten es häuslich ein. Dann begaben sich Marcus und Rufus zu ihrer Einheit zurück, um sich wieder anzumelden.

„Endlich allein“, seufzte Romulus und nahm seine Flavia in die Arme, „jetzt haben wir eine neue Heimat und genießen die zwei Tage für uns. Es gibt noch soviel zu besprechen.“ „Ich danke dir, mein Gemahl“, hauchte Flavia, „unsere Liebe wird die Zukunft bestimmen und unsere kommenden Kinder werden der krönende Abschluss sein.“

Nach Ablauf der Urlaubstage kam Romulus mit seinen Freunden wie besprochen zu Tribun Octavianus, um ihre neuen Befehle zu empfangen.

„Der Auftrag von Quintus lautete, das Marcus mit seiner Centurie den Ausbau der hölzernen Wachtürme begutachtet, die auf dem Grenzpostenweg im Norden bis zum Rhenus schon in Arbeit sind. Romulus mit seiner Truppe hat die Aufgabe, die Strasse am Rhenus von hier aus bis Vetera in Augenschein zu nehmen“, und dann zu Romulus gewandt, „wende dich auch an die Lagerkommandanten, um mehr über das Treiben unserer Feinde zu erfahren. Macht euch sofort abmarschbereit, denn diese Aufgaben dulden keinen Aufschub!“ „Ja, Tribun, wir informieren unsere Einheiten und können gleich los reiten", antwortete Romulus, auch im Namen seines Freundes Marcus.

Einige Zeit später sahen die Bewohner von Mogontiacum zwei Centurien aus dem Militärlager in verschiedenen Richtungen davon reiten. Die herbstliche Morgensonne fühlte sich angenehm auf der Haut an und Romulus war gespannt, was ihn auf dieser Reise erwartete. Zuvor konnte er sich nur kurz von Flavia verabschieden mit dem Hinweis, dass er in gut zehn Tagen wieder bei ihr wäre. Flavia war traurig über seine nun kommende Abwesenheit, aber der Militärdienst war eben so.

Romulus genoss den gemächlichen Ritt auf der Strasse am Rhenus und bewunderte die gewundenen Flussauen. Das Leben könnte so schön sein, gäbe es keine Feinde, die man bekämpfen müsste. Auch das schöne Wetter stimmte ihn wohl gelaunt, aber plötzlich dachte er an seine zerstörte Heimat. Warum hatten ihm die Götter so böse mitgespielt? Es wäre jetzt an der Zeit gewesen, das Landgut seines Vaters zu übernehmen und die Geschäfte fortzuführen. Dieser hatte ihn schon lange dafür vorbereitet.

„He, was grübelst du vor dich hin?", sprach ihn Rufus an, der mittlerweile neben ihm ritt, „lass uns neue Abenteuer erleben, ich brenne darauf!"

„Ich habe über die Vergangenheit nachgedacht, unser beider Leben wäre anders verlaufen, wenn nicht das große Unglück über uns gekommen wäre. Da wirst du mir sicher Recht geben."

„Wir müssen uns damit abfinden und ich schaue in die Zukunft. Ich kann mir gut vorstellen, dass ich irgendwann

Flavias Schwester heiraten darf und wir vier ein gutes Leben haben“, meinte Rufus.

„Ja, du hast sehr wahrscheinlich Recht und daran arbeiten wir.“

Während des Reitens erzählten sie sich nun alte Geschichten, die sie in Pompeji erleben durften und die Zeit verging wie im Fluge. Sie näherten jetzt dem Kastell [1]Bingium gegen Mittag und fragten sich zum Lagerleiter durch. Auf Romulus Befragen hin berichtete Decimus, das einige Kaufleute, die von Augusta Treverorum nach Bingium unterwegs waren, überfallen wurden. Aber da es sich bei einer Nachfrage um Straßenräuber handelte, legte Romulus dem Ganzen keine nennenswerte Bedeutung bei. Mit dem Hinweis, ihn bei ihrer Rückkehr wieder aufzusuchen, ritt Romulus weiter Richtung Norden. Auf der Straße herrschte reger Betrieb, Bauern trieben ihr Vieh in der gewundenen Flussaue und Fischer brachten ihren Fang zu ihren kleinen Siedlungen, die sich entlang des Rhenus befanden. Auch begegneten sie einigen Reisewagen, die eilend zu ihren Zielen unterwegs waren.

Am späten Abend erreichten sie das Kastell [2]Confluentes und errichteten ein Nachtlager. Des Reitens müde, begaben sich alle nach einem kurzen Nachtmahl in ihre Zelte zum Schlafen. Am nächsten Morgen suchte Romulus den Lagerleiter Clarus auf, um sich über außergewöhnliche Vorkommnisse zu informieren. „Den Göttern sei Dank, zur Zeit führen wir ein ruhiges Leben hier“, antwortete Clarus, „von den Germanen droht im Moment keine Gefahr, aber das letzte Hochwasser hat die

---

[1] Bingen am Rhein

[2] Koblenz

Brücke über die [1]Mosella beschädigt, mit deren Instandsetzung wir beschäftigt sind. Sie kann noch begangen werden, aber es sind Maßnahmen an den Brückenpfeilern notwendig." „Das sind ja insgesamt gute Nachrichten", meinte Romulus, „ich werde dies in Mogontiacum berichten." Nach einer kurzen Verabschiedung verließ Romulus mit seiner Centurie das Kastell und sie ritten weiter. Sie passierten noch die Kleinkastelle [2]Antunnacum und [3]Rigomagus, wo ihnen ähnliches berichtet wurde. Am späten Nachmittag sahen sie schon von weitem das Legionslager [4]Bonna, welches nach der Zerstörung von den [5]Batavern als wehrhaftes Steinkastell neu errichtet worden war. Das Kastell stand in der Nähe vom Rhenus und Romulus ließ das Nachtlager in der Nähe des Ufers errichten. Nach dem Aufbau stürzten die Legionäre freudig in den Fluss, um sich ein wenig Abwechslung zu verschaffen. Da Romulus mittlerweile mit dem Lagerkommandanten Sextus gesprochen hatte, saß er gemeinsam mit Rufus am Ufer und schauten dem Treiben der Legionäre zu. Trotz des kühlen Herbstwetters tollten sie wie die Kinder in dem kühlen Nass. Plötzlich trat ein Legionär auf die beiden zu, setzte sich und sprach: „Ich will euch nicht stören, aber ich habe euer Gespräch über die Bataver heute Nachmittag zufällig mit angehört." „Dann erzähle uns", meinte Romulus, „was dir auf dem Herzen liegt." „Mein Name ist Amilius aus dem Stamm der

[1] die Mosel

[2] Andernach

[3] Remagen

[4] Bonn

[5] westgermanischer Volkstamm, ansässig in den Niederlanden

[1]Ubier. Ich bin in [2]Gelduba aufgewachsen und musste den Überfall der Bataver auf unsere Siedlung als zehnjähriger Knabe miterleben. Nachdem ich einige Fische im Fluss gefangen hatte, wollte ich sie meiner Mutter bringen. Als ich die Böschung am Ufer hinaufstieg, begann in diesem Moment der Angriff auf unsere Siedlung. In sicherer Deckung konnte ich alles beobachten. Mehrere tausend Bataver zu Pferde trieben die Menschen vor sich her. Die hier stationierte römische Einheit war in der Minderzahl und sie verschanzten sich in dem nahe liegenden Kastell. Meine Leute flohen in alle Richtungen, wurden aber von den Berittenen von hinten erstochen und erschlagen. die Feinde machten keinen Unterschied zwischen Alten und Jungen, Frauen und Männern. Überall war Schreien und Jammern. Sie quälten Menschen, damit sie die Verstecke ihrer Schätze preisgaben. Verletzte und Sterbende lagen überall auf der Erde. Ich sah das Haus meiner Eltern brennen und war machtlos, ihnen zu helfen. Später konnte ich nur noch ihre verkohlten Körper bestatten. Auch viele Legionäre im Kastell fanden durch die Übermacht den Tod. Glücklicherweise kam eine Legion aus [3]Noavesium, die die Bataver in die Flucht schlagen konnten." „Deine Geschichte ist ziemlich traurig", unterbrach ihn Romulus, „wie hast du das alles verkraftet?" „Ich habe mir damals geschworen, später der Legion beizutreten und wo immer es nötig ist, die Barbaren bis zum Tode zu bekämpfen." „Die Gelegenheit wirst du bei uns oft haben", meinte Romulus, „auch kannst du jederzeit einen

[1] westgermanischer Stamm, lebte im Großraum Köln

[2] römischer Garnisonsplatz in Krefeld

[3] Kastell in Neuss

Rat bei mir einholen.“ Amilius bedankte sich für dieses Angebot und ging nachdenklich zu seinen Kameraden zurück.

„Auf Grund von Amilius Geschichte müssen wir immer mit Überfällen rechnen, aber hier ist nach Aussage von Sextus alles ruhig“, begann Romulus, „wir ziehen morgen weiter und können hoffen, dass uns weiterhin das Gleiche erwartet!“

„Dann wird diese Reise für uns erholsam sein und wir werden viel Neues entdecken“, antwortete Rufus, „außerdem habe ich dann Zeit für die Planung meiner Hochzeit mit Claudia.“ Romulus versprach, ihm bei seiner Planung zu helfen. Sie unterhielten sich bis zur Dämmerung und legten sich dann müde auf ihr Nachtlager. Die Legionäre hatten sich im Wasser ausgetobt und waren schon in ihren Zelten verschwunden.

Am dritten Tag kamen sie an ihrem Ziel Vetera an. Nachdem Romulus die Legionslager Colonia, Noavesium und das Kleinkastell Gelduba aufgesucht hatte, waren sie ohne Zwischenfälle in Vetera eingetroffen. In Gelduba war Amilius auf der Suche nach Angehörigen unterwegs, konnte aber niemand mehr aus seinem früheren Leben antreffen. Romulus erklärte ihm, dass die Legion nun seine Familie sei und Amilius fand sich endgültig damit ab.

Durch Romulus Befehl errichteten die Legionäre ihre Zelte neben dem Legionslager, dann begab er sich in das Stabsgebäude, um Legatus Livius aufzusuchen. Nachdem er ihm sein Ansinnen mitgeteilt hatte, erklärte Livius, das in letzter Zeit keine Überfälle mehr stattfanden und seine Legionäre mit Übungs- und Trainingsmaßnahmen in Form gehalten würden. „Das sind gute Nachrichten“, meinte Romulus, „mein Legat Quintus wird sich freuen, wenn ich ihm das berichte. Kann ich bei dir einen Tag länger bleiben? Ich vernahm im

Kastellhof mehrere Gespräche über die morgigen Kämpfe in eurem Amphitheater und diese Abwechslung würde meinen Legionären gut tun." „Natürlich kannst du mit deiner Truppe kommen, ich werde die Besucherränge vorbereiten", antwortete Livius, „aber sei jetzt mein Gast und speise mit mir zu Abend!" Romulus bedankte sich für die Einladung und sie saßen bis in die Nacht zusammen. Er erzählte von seinen Einsätzen bei den Chatten und den Kriegszug gegen die Daker. Livius stellte ihm viele Fragen dazu und berichtete seinerseits über das im Moment friedliche Leben im Kastell Vetera.

Am nächsten Morgen gab Romulus seinen Männern den Besuch im Amphitheater bekannt und die Begeisterung bei den Männern fand keine Grenzen. Denn heute Morgen hatte man den Eindruck, dass ein Schwarm Bienen in Romulus Zeltlager eingefallen wäre. Die Legionäre waren nicht mehr zu halten, jeder wollte als erster die Zuschauertribüne im Amphitheater besetzen, um einen der besten Plätze zu erhaschen. Romulus rief seine Leute zur Ordnung, dann marschierten sie gemeinsam zum Theater. Nachdem alle Plätze besetzt waren, begann die Vorstellung in der Arena.

Als erstes fanden die üblichen Tierkämpfe statt. Ein Venatores und ein Bestiarii, beide waren auf das Töten von Tieren trainiert, betraten die sandbedeckte Kampffläche, beide mit Speer und Bogen bewaffnet, sie machten nun Jagd auf einen Büffel und einen Eber, die man mittlerweile hereingeführt hatte. Der Venatores konnte einen Speer in die Schulter des Ebers werfen, worauf dieser mit einem wütenden Angriff konterte. Der Venatores wich geschickt den gefährlichen Hauern aus und stieß mit seinem zweiten Speer dem Eber in die Schulterblätter. Tödlich getroffen sank das Tier blutend in den Sand. Zeitgleich schoss der Bestiarii zwei Pfeile in die

Lenden des Büffels. Das angeschossene Tier rannte daraufhin laut brüllend in seinem Schmerz wutentbrannt in Richtung seines Peinigers. Dieser konnte durch die schnelle Reaktion des Büffels keinen dritten Pfeil mehr auf die Sehne legen. Blitzschnell wurde er von den riesigen Hörnern erfasst und flog schwer verletzt in die Zuschauertribüne. Das Publikum raste vor Begeisterung und forderte dann den Venatores auf, dem Leben des Büffels ein Ende zu setzen. Dieser gewahrte den Feind und raste in seine Richtung. Geistesgegenwärtig nahm der Venatores einen weiteren Speer zur Hand und brachte einen gezielten Wurf in den Hals des Tieres an. Dadurch stürzte der Büffel mitten im Lauf in den Sand der Arena und begann laut zu röcheln. Nach dieser Aktion wurde es ganz still in der Arena. Der Kämpfer trat nun langsam auf den Büffel zu und stieß ihm dann einen Speer in die Herzgegend. Jetzt waren die Zuschauer nicht mehr zu halten, sie erhoben sich von ihren Plätzen und rasten vor Begeisterung.

„Das war sehenswert“, meinte Rufus, „es erinnert mich an unsere Besuche im Amphitheater in Pompeji.“ „Das ist wahr, wir haben schon lange auf dieses Vergnügen verzichten müssen“, „antwortete Romulus, „ich bin gespannt, wie es weitergeht.“

Der Vormittag zog sich hin mit ähnlichen Tierkämpfen die das Publikum begeisterten. Gegen Mittag wurden wie üblich Verbrecher hingerichtet. Heute waren es zwei Mörder, die eine römische Kaufmannsfamilie in ihrem Haus getötet hatten, um reiche Beute zu machen. Man hatte sie schnell fassen können und ihr Schicksal war besiegelt. Sie wurden ohne Waffen einem hungrigen Löwen zum Fraß vorgeworfen. Dieser spielte ein zeitlang mit ihnen, was dem Publikum großes Vergnügen bereitete. Die beiden Verurteilten hasteten schreiend in der Arena von Ecke zu Ecke, um ihrem Schicksal zu entgehen. Als der Löwe seinen Jagdtrieb besänftigt hatte, tötete er beide nacheinander mit einem Biss in das Genick der Verurteilten. Das anschließende Mahl des Tieres konnten einige Zuschauer nicht ertragen und verließen überstürzt die Zuschauertribünen.

Die beiden Freunde suchten jetzt mit einigen ihrer Legionäre die aufgebauten Stände vor der Arena auf, der Hunger trieb sie an. Es gab gegrilltes Hühnchen, Lucaner Würste und schmackhaft zubereitetes Gemüse. Auch trank jeder einen Becher Mulsum, der Tag musste gefeiert werden. Nach dem vorzüglichen Mahl wurde es Zeit zu gehen, weil nun das Nachmittagsprogramm stattfand.

Es begann mit dem Einmarsch der Gladiatoren, die sich dem Publikum präsentierten. Zuerst fanden einige Schaukämpfe statt, danach dann die Zweikämpfe, die oft mit dem Tod eines Gegners endeten. Die Zuschauer waren auch hier gefesselt von den blutigen Kämpfen und man hörte schon von weitem die Begeisterungsrufe aus der Arena.

Nach Beendigung der Spiele am späten Nachmittag kehrte Romulus mit seiner Truppe in ihr Zeltlager zurück. Seine Leute waren durch die Spiele sehr aufgewühlt und brachten viel Unruhe in der Lagervorstadt, währen sie Richtung Lager marschierten. Um sie ruhig zustellen, befahl er ihnen, im Rhenus Fische für das Abendessen zu fangen. Mit Begeisterung wurde die Aufgabe umgesetzt und abends an den Lagerfeuern sah Romulus zufriedene Gesichter, denn der gegrillte Fisch war ein Genuss.

Nach dem Abendessen saß Romulus entspannt mit seinem Freund am Ufer des Rhenus, sie genossen die abendliche

Herbstsonne. Der Wind frischte ein wenig auf und sie begannen leicht zu frösteln. Aber die beiden waren abgehärtet und trotzten der leichten Kälte.

„Ich denke die ganze Zeit an meine Flavia, wie mag sie sich fühlen ohne mich in einem für sie fremden Land?“, bemerkte Romulus, „für die Zukunft werde ich was ändern müssen, weil diese Situation öfters vorkommen wird.“ Rufus stimmte ihm zu: „Wenn ich Claudia zu meiner Frau nehme, könnten wir zusammen wohnen, das Haus ist groß genug und beide Frauen wären während unserer Abwesenheit nicht alleine. Ich habe mit Claudia regen Austausch über unsere Briefe, die von den Militärboten überbracht werden.“ „Deine Idee finde ich gut, so werden wir es umsetzen“, antwortete Romulus. Sie saßen noch einige Zeit am Ufer und ließen das monotone Plätschern des Flusses auf sich einwirken. Bei Einbruch der Nacht legten sie sich entspannt auf ihr Lager. Nachdem sich Romulus in aller Frühe von Livius verabschiedete, ritt die Centurie wieder in Richtung Mogontiacum. Am Morgen des dritten Tages hörten sie in der Nähe von Antunnacum laute Kampfgeräusche. Romulus gab sofort den Befehl, sich im Galopp der wahrscheinlich bedrohten Kastellbesatzung zur Hilfe zu eilen. Schon von weitem erkannten sie, dass ein am Fluss liegendes Transportschiff von Germanen angegriffen wurde. Die Schiffsbesatzung kauerte ängstlich hinter der Ladung von Getreide. Der Ausgang des Kampfes war im Moment ungewiss, weil beide Parteien die gleiche Stärke an Kämpfern vorwiesen. Romulus sah, dass sie als Reitertruppe den Fußkämpfern überlegen waren und schrie seine Männer an: „Zieht eure Schwerter und schlagt von euren Pferden aus auf die Feinde ein!“ Sofort stürmten sie auf die überraschten Germanen zu und hieben ihnen Köpfe und Glieder ab. Eine Gegenwehr verlief im Sand, weil die Feinde jetzt von vorne und hinten bedrängt wurden. Der Kampf währte nur kurz, die letzten Überlebenden suchten ihr Heil in der Flucht und warfen sich kopfüber in die Fluten. Als gute Schwimmer entkamen nur wenige, die übrigen fielen dem Pfeilhagel der Kastellbesatzung zum Opfer und sanken lautlos in die Tiefe. Amilius war nicht zu halten, er schwamm hasserfüllt, mit einem Messer zwischen den Zähnen, den Fliehenden hinterher, wurde aber von Romulus zurückgerufen. Nach dem siegreichen Kampf kam Kommandant Friannus erleichtert auf Romulus zu: „Ohne eure Hilfe wäre die Sache schlecht für uns ausgegangen." „Was ist denn vorgefallen?", meinte Romulus, „ich dachte, dass die Überfälle ein Ende gefunden hätten." „Der Meinung waren wir bis heute auch", sprach Friannus, „aber wir sind eines Besseren belehrt worden. Gestern Abend hat dieses Schiff bei uns angelegt, um heute Morgen [1]Mühlsteine aufzuladen, die zusammen mit dem Getreide nach Colonia geliefert würden. Aber marodierende Chatten haben sicher gestern Abend das Anlegen des Schiffes vom anderen Ufer aus verfolgen können und sind des Nachts mit Baumstämmen über den Fluss gekommen. Sie hatten vor, das Schiff zu entern, um sich die Ladung anzueignen. Heute Morgen hörten wir das Schreien der Besatzung und ich eilte voraus schauend mit meiner Besatzung zum Ufer. Den Rest kennst du ja." „Denen haben wir aber gezeigt, dass sie sich hier blutige Nasen holen", meinte Romulus, „ihr habt sicher in der nächsten Zeit Ruhe vor denen. Aber jetzt muss ich meine Leute sammeln, wir müssen weiter." Nachdem er festgestellt hatte, dass niemand von seiner Truppe ernsthaft verletzt war,

---

[1] wurden in der Nähe des Kastells hergestellt und in alle Teile des römischen Reichs verschifft

verabschiedete sich Romulus. Friannus bedankte sich nochmals ausschweifend für die Hilfe, dann brachen sie auf.

Nach kurzer Zeit ritten sie schon durch Confluentes und dann über die vor Jahren errichtete Pfahlbrücke auf die andere Seite des Rhenus. Romulus überlegte sich, auf dem Grenzpostenweg Marcus mit seiner Centurie an zu treffen. Dieser hatte ja die Aufgabe, den Aufbau der Wachtürme in Augenschein zu nehmen. Nach dem Verlassen der Pfahlbrücke begann der Anstieg durch ein unwegsames Waldgebiet. Teilweise führten sie ihre Pferde an der Leine, weil dichtes Gestrüpp den Weg versperrte. Mühsam und verschwitzt erreichten sie dann auf der Höhe den Grenzpostenweg, an dem ein Erdkastell errichtet war. Nach kurzer Befragung der Besatzung erfuhr Romulus, dass sein Freund Marcus am Vormittag mit seiner Truppe vorbei gekommen war. Das war ein gutes Zeichen dafür, dass er Marcus noch bis zum nächsten Erdkastell erreichen würde. In vollem Galopp jagten sie nun über den Postenweg.

Gegen Abend erreichten sie das [1]Erdkastell auf dem Höhenkamm, welches Romulus schon mehrere Male aufgesucht hatte. Sofort kamen Servius und Marcus, der hier mit seiner Truppe übernachten wollte, ihnen entgegen.

„Hallo Romulus, hier habe ich niemals mit deiner Anwesenheit gerechnet“, sprach Marcus, „welche Umstände führen dich zu uns?“ Romulus berichtete ihm, was sich bei ihrer Abreise ereignet hatte und endete abschließend mit der Frage, was Marcus in Erfahrung bringen konnte.

---

[1] Kastell Niederberg bei Koblenz

„Die Wachtürme sind fast fertig aufgebaut, aber ich habe festgestellt, dass immer wieder kleine Einheiten der Chatten versuchen, die Grenze für ihre Raubzüge zu überrennen", erklärte Marcus, „ich dachte, wir hätten den Stamm damals so dezimiert, das keine Gefahr mehr zu befürchten wäre."

„Diese Neuigkeit wird Quintus sehr interessieren", meinte Romulus, „das Ganze wird uns in Zukunft noch mehr beschäftigen."

Am Abend saß Romulus mit seinen Freunden bei Servius und sie unterhielten sich über die letzten Ereignisse. Als Romulus von dem Besuch im Amphitheater berichtete, hörten die anderen gespannt zu und überhäuften ihn mit Fragen über die stattgefundenen Kämpfe. Es wurde spät und nachdem Servius die üblichen Wachen eingesetzt hatte, suchten alle ihr Nachtlager auf. Kurz vor der Morgendämmerung wurde die Besatzung aus dem Schlaf gerissen, weil die Wachen Alarm schlugen. Eine kleine Gruppe von Chatten versuchte wieder mal, den Erdwall zu erstürmen aber die aufmerksamen Wachen konnten rechtzeitig den Alarm auslösen. Da die Feinde nur mit der Besatzung rechneten, wurden sie in kurzer Zeit niedergemetzelt, weil zusätzlich noch zwei Centurien den Angriff mit abwehrten. Außer einem Wachtposten, den eine geschleuderte Axt an der Schulter verletzte, waren keine Toten und Verletzte zu beklagen.

„Wir haben gelegentlich mit solchen Überraschungen zu kämpfen", meinte Servius, „teilt das bitte Quintus mit!"

Die Freunde versprachen ihm, seinen Wunsch zu erfüllen und ritten gemeinsam nach Mogontiacum zurück.

Gegen Mittag sahen die Bewohner aus der Lagervorstadt zwei Centurien über die Rhenusbrücke reiten, die dann durch die

Kastelltore außer Sichtweite gerieten. Romulus und sein Freund befahlen ihren Einheiten, die Quartiere aufzusuchen und begaben sich zum Stabsgebäude, um Quintus Bericht zu erstatten.

„Das sind ja einerseits gute Nachrichten, die die Lage diesseits des Rhenus betreffen aber ich dachte, dass wir die Chatten auf der anderen Seite endgültig besiegt hätten. Ihr beide seid euren Aufgaben gerecht geworden und ich werde meine nächsten Handlungen darauf einrichten. Geht jetzt in eure Quartiere und meldet euch in zwei Tagen bei Tribun Octavianus, um weitere Befehle zu erhalten!“

Erleichtert über dieses Lob suchten sie schnellstens das Haus von Romulus auf, damit Flavia ihren Sorgen enthoben wurde. Romulus öffnete als erster die Tür und mit einem Aufschrei fiel ihm Flavia um den Hals und bedeckte ihn mit Küssen. Marcus stand daneben und war froh, seine Schwester so glücklich zu sehen. Dann nahm auch er sie in seine Arme und drückte sie brüderlich.

„Ich habe mir große Sorgen um euch gemacht“, heulte Flavia bei der Begrüßung, „es ist mir schwer gefallen, alleine auf euch zu warten.“ „Das wird sicher in Zukunft anders werden“, erwiderte Romulus, „Rufus möchte deine Schwester Claudia heiraten und dann wohnen wir zusammen in unserem Haus, hier ist Platz für uns vier.“ Erleichtert nahm Flavia diese Mitteilung auf und beruhigte sich wieder. Marcus freute sich für die beiden und meinte: „Wo bleibe ich denn, eine Zukunft ohne Ehefrau ist für mich nicht denkbar, alleine möchte ich auch nicht bleiben, wenn ich euer Glück sehe!“ „Für dich werden wir auch noch eine Hübsche finden“, meinte Romulus, „gib deine Hoffnungen nicht auf.“ Mit dieser Aussage war

Marcus zufrieden, Flavia ging in die Küche und bereitete zur Feier des Tages ein schmackhaftes Abendessen mit gebratenem Ziegenfleisch und leckeren Zutaten. Nach einem schönen Abend suchte Marcus sein Quartier auf. Romulus und Flavia freuten sich auf eine liebevolle Nacht und suchten Arm in Arm ihr Schlafgemach auf.

Die Wochen vergingen mit Wache schieben, Trainingsmaßnahmen und gelegentlichen Besuchen in ihrer Stammtaverne. Rufus berichtete von seinem regen Schriftverkehr mit Claudia, die auf Drängen irgendwann mit ihrem Vater zu Besuch kommen wolle. Er konnte es kaum erwarten, bis der Tag kommen würde, um seine Claudia in die Arme zu schließen. Ab und zu wurde er deshalb von seinen beiden Freunden auf den Arm genommen.

Jede Woche besuchte Romulus mit seiner Frau den Markt in der Lagervorstadt um frische Ware zu kaufen. Eines Tages rief jemand in der Nähe seinen Namen und Romulus wandte sich dem Rufer zu. Es war Ursus, ihn hatte er vor einiger Zeit bei einem Raubüberfall auf seinen Reisewagen retten können. Sie begrüßten sich überschwänglich und Ursus erneuerte sein damaliges Angebot, ihn auf seinem Landgut zu besuchen. „Wenn es dir nichts ausmacht, würden wir auch unsere Freunde mitbringen sie brauchen eine Abwechslung von dem ewigen Militärdrill." „Natürlich", erwiderte Ursus, „ihr seid alle herzlich willkommen. ich gebe nächsten [1]Sarturni ein Fest und freue mich auf euer Kommen." „Das ist ja in vier Tagen", bemerkte Romulus, „aber auf uns kannst du zählen."

Am Abend erzählte Romulus seinen Freunden von ihrer Einladung und die Begeisterung war groß wegen dieser

[1] Der Wochentag Samstag

Nachricht. Am kommenden Sarturni war kein Dienst angesagt und deshalb konnten sie diese Zeit für den Besuch nutzen.

Sie konnten es kaum erwarten, bis der besagte Tag anrückte. Romulus hatte tags zuvor einen Reisewagen besorgt und gut gelaunt machten sie sich auf den Weg. Sie kamen an abgeernteten Feldern vorbei und nach einiger Zeit kam das riesige Landgut in Sicht. Romulus dachte in diesem Moment an seine Heimat, denn das Gebäude erinnerte ihn an das Landgut seines Vaters. Als sie das große Tor passierten, kam ihnen Ursus freudestrahlend entgegen, er hatte sie schon erwartet. Nach der Begrüßung baten Ursus und seine Frau Neferet die Gäste, sein Haus zu betreten.

Die Freunde staunten über den Säuleneingang und über die buntbemalten Wände im Atrium. Sie erzählten von Schlachten, Gladiatorenkämpfe und das Leben auf dem Land. Auch im Tablinum waren die Wände bemalt und der Mosaikboden war mit einem schönen Muster belegt. Hier stellte Ursus seinen Besuch der Familie und seinen Geschäftsfreunden vor. Plötzlich bemerkte Romulus, dass Marcus wie vom Blitz getroffen, regungslos stehen blieb. Er konnte gleich die Ursache erkennen, weil aus dem Tablinum die Tochter des Hauses erschien. Sie war eine umwälzende Schönheit mit langen schwarzen Haaren und einem ebenmäßigen Gesicht. Die leicht braune Haut und ihr graziler Körper rundeten die Erscheinung ab. Ursus stellte ihnen seine Tochter Aurelia vor. Sie war sein einziges Kind, die er mit seiner ägyptischen Frau besaß. Romulus sah gleich, dass sie sich in einem heiratsfähigen Alter befand und sicher durch Mangel an Gelegenheiten nicht verheiratet war.

Der Gastgeber bat nun zum Essen ins Tablinum und den Gästen wurden die Sitzplätze zugewiesen. Von der Küche her ließ Ursus ein üppiges Mahl mit vielen Gängen auftischen. Romulus fühlte sich wie zu Hause, sein Vater war nämlich auch für seine Einladungen für gutes Essen bekannt gewesen. Flavia unterhielt sich oft mit der Gastgeberin und schien sich wohl zufühlen, denn solche Gesellschaften hatte sie sicher vermisst. Romulus bemerkte zwischendurch, dass Marcus immer wieder die Nähe von Aurelia suchte und sie sich seiner Gegenwart nicht abgeneigt zeigte.

Auch er unterhielt sich die ganze Zeit mit den Gästen und konnte dabei einige Kontakte knüpfen.

„Ich hoffe, es gefällt dir in meinem Haus“, sprach Ursus während des Essens, „wie ich von dir gehört habe, hatte dein verstorbener Vater ein ähnliches Anwesen. Dadurch müsste dir der Ablauf eines Landgutes bekannt vorkommen.“

„Darum möchte ich meine Bekanntschaft mit dir vertiefen, weil es mich an Zuhause erinnert und ich mich bei dir wohl fühle.“

„Ich freue mich über deine Aussage, deine Frau und deine Freunde sind immer herzlich willkommen“, erwiderte Ursus. Die beiden wollten ihre Unterhaltung fortsetzen, aber in diesem Moment traten drei leicht bekleidete Sklavinnen in den Raum und legten eine flotte Tanzdarbietung dar. Alle waren nun fasziniert und folgten den Drehungen und Wendungen der Tänzerinnen. Der schöne Tag neigte sich langsam dem Ende zu, es war Zeit für die Verabschiedung. Mit dem gegenseitigen Versprechen, sich regelmäßig zu besuchen, begab sich Romulus mit seiner Gruppe nach Mogontiacum zurück. Der Alltag hatte sie wieder eingeholt und sie zehrten noch einige Tage von dieser Einladung. Nach mehreren Tagen saß Romulus mit seinen Freunden wieder in ihrer Stammtabernae, um den Tag bei einem Becher Mulsum abzuschütteln. „Freunde, ich bin verliebt“, begann Marcus die Gespräche, „ich denke Tag und Nacht an Aurelia und sie war nicht abgeneigt, das wir uns wieder treffen.“ „Das habe ich bemerkt“, war der Kommentar von Romulus, „auch ich habe eine Neuigkeit zu berichten. Flavia erwartet ein Kind von mir und Marcus wird Onkel.“ „Oh“, meinte Marcus, „da freue ich mich und wenn Aurelia meinem Werben nachgibt und Rufus meine Schwester Claudia heiratet, dann sind uns die Götter wohl gesonnen.“

Auf Grund dieser guten Nachrichten wurde der Abend lang, der Mulsum schmeckte und die Freunde waren die letzten Gäste, die angeheitert ihr zuhause aufsuchten. In den darauf folgenden Wochen sah man Marcus des Öfteren in seiner freien Zeit weg reiten, Ursus hatte ihm die Treffen mit Aurelia erlaubt. Romulus vergötterte seine Frau und Rufus hatte wieder eine Nachricht von Claudia bekommen. Außerdem traf er sich öfters mit seinem neuen Freund Amilius, Romulus und Marcus waren ja anderweitig beschäftigt.

Die Revolte des Saturnius

.......Aber irgendetwas lag in der Luft, niemand konnte sich erklären, was vor sich ging. Plötzlich waren Gerüchte im Umlauf, das eine große Veränderung stattfinden würde. Wie sich nach und nach herausstellte, wollte die Legion XIIII Gemina aus Mogontiacum meutern und den Statthalter [1]Lucius Antonius Sarturnius von Obergermanien zum neuen Imperator ausrufen. Dieser fürchtete, vor Kaiser Domitian in Ungnade gefallen zu sein und brachte die Legion auf seine Seite. Legat Quintus ließ die abtrünnige Legion ziehen, weil er eine Auseinandersetzung seiner zwei Legionen in seinem Lager vermeiden wollte. Es gab inzwischen schon Übergriffe zwischen den beiden Legionen, denen er schnell zuvorkommen musste.

Die abtrünnige Legion marschierte nach Bingium und traf sich hier mit dem geflüchteten Statthalter. Dieser hoffte, dass ihn noch zwei niedergermanische Legionen bei seinem Vorhaben unterstützen würden. Außerdem ging er mit den wieder erstarkten Chatten ein Bündnis ein, indem er ihr Gebiet für immer verschonen würde.

Inzwischen war der Winter ins Land gezogen und alles lag unter einer weißen Schneedecke. Legat Quintus ließ seine Offiziere in das Stabsgebäude rufen, um die derzeitige Lage zu besprechen. Auch Romulus begab sich fröstelnd zu der Besprechung, nachdem er Flavia die Angst vor einer ungewissen Zukunft vorerst genommen hatte.

„Meine Herren“, begann Quintus, „unser Kaiser Domitian ist sich dieser gefährlichen Revolte sehr bewusst und eilt uns mit starken Verbänden entgegen. Auch der Statthalter von

---

[1] römischer Statthalter in Obergermanien

Untergermanien, Aulus Bucius ist mit seinen Truppen unterwegs. Durch Boten haben wir abgesprochen, das wir uns mit den anderen Einheiten südlich von Bingium an der Provinzgrenze treffen und gemeinsam losschlagen. Zusätzlich wird die derzeitige Kälte auch unser Gegner sein. In zwei Tagen um die Mittagszeit ist unser Zusammentreffen geplant. Bereitet eure Legionäre vor, dass sie gegen die eigenen Männer kämpfen müssen!“

„Auf uns kannst du dich verlassen, Herr“, sprach nun Tribun Octavianus, „ich verspreche im Namen aller Versammelten hier, das wir die Revolte erfolgreich niederschlagen werden.“

Romulus informierte seine Freunde über die bevorstehende Schlacht und eilte nach Hause. Flavia empfing ihn mit sorgenvoller Miene. „Meine Angst ist nicht unbegründet, nachdem du mir von der kommenden Schlacht berichtet hast, auch Marcus und Rufus sehe ich einer großen Gefahr ausgesetzt.“ „Wir haben schon einige Kämpfe hinter uns, ich verspreche dir, dass auch diesmal die Götter mit uns sind“, antwortete Romulus. Flavia schien jetzt einigermaßen beruhigt und beide nutzten die Zeit bis zum Aufbruch für ein harmonisches Zusammensein.

Am frühen Morgen des zweiten Tages marschierte die gesamte Legion unter Führung von Legat Quintus zu dem angegebenen Treffpunkt. Die Offiziere ritten vorne weg und bestimmten das Marschtempo.

„Ich kämpfe ungern gegen unsere eigenen Männer“, meinte Marcus, der neben seinem Freund ritt, „viele sind mir mittlerweile von der abtrünnigen Legion bekannt, darum wird es mir schwer fallen, sie zu bekämpfen.“

„Du wirst dich überwinden müssen“, „gab Romulus zur Antwort, „wir müssen siegen, sonst sind wir dem Ursupator ausgeliefert, weil wir unserem Kaiser Domitian die Treue gehalten haben.“

„Das stimmt, wir kämpfen mit allen Mitteln, um die alte Lage wieder herzustellen“, antwortete Marcus. Mittlerweile kamen schon die Legionen von Aulus Bucius in Sichtweite, die trotz der Kälte in der Ebene vor einem großen Bergrücken ausharrten.

Die Offiziere trafen sich in einem schnell aufgebauten Stabszelt und einigten sich, umgehend nach Bingium zu marschieren, um die Einheiten von Saturnius zu schlagen. Dieser hatte aber mittlerweile feststellen müssen, dass die zugesagten Legionen und die Chatten nicht eintreffen würden. Durch Boten war ihm mitgeteilt worden, dass die Legionen kaisertreu blieben und die Chatten den aufgetauten Rhenus nicht überschreiten konnten, um an seiner Seite zu kämpfen.

„Nach Abwägung aller Informationen müssen wir uns dem Gegner stellen“, erklärte Saturnius seinen Offizieren, „die Würfel sind nun gefallen. Auch wenn der Gegner jetzt in der Überzahl ist, müssen wir siegen, sonst ist alles verloren!“

„Dann lass uns aufbrechen“, unterbrach ihn Tribun Fabius, Führer der abtrünnigen Legion „je länger wir noch warten, umso stärker wird unser Gegner.“

Gegen Mittag brach Saturnius auf und marschierte den kaisertreuen Truppen entgegen. Ihm war berichtet worden, welche Richtung sein Gegner eingeschlagen hatte. Er versuchte deshalb, das Schlachtfeld zu bestimmen, um seinen Vorteil zu nutzen. Durch Erzählungen war ihm bekannt, dass sich auf der höchsten Spitze des vor ihm erscheinenden

Gebirgsmassivs eine große [1]Viereckschanze befand, die vor langer Zeit von den Germanen verlassen wurde. Auch sah er in der Ferne davor den Gegner, der sich im Aufbruch befand. Zügig befahl Sarturnius seinem Heer, die steile Anhöhe zu erklimmen, um von oben die kaisertreuen Truppen zu bekämpfen. Die Viereckschanze würde ihm sicher den erhofften Vorteil bringen.

Romulus bemerkte als erster, dass der Gegner die Richtung zum Gebirgsmassiv einschlug und gab Alarm. Sofort befehligte Quintus seinen Legionen die Verfolgung des Gegners. Aber dieser hatte zwei Meilen Vorsprung und war mittlerweile im Gebirgswald verschwunden. Nach geraumer Zeit kämpfte sich auch Quintus mit seinen Legionen durch den Wald bergauf, plötzlich prasselte ein Pfeilhagel auf die Männer nieder. Die klirrende Kälte machte es allen schwer, sich schnell zu bewegen und die verschneite Landschaft tat ein Übriges dazu. Viele Legionäre in den vordersten Reihen sanken tödlich getroffen auf den verschneiten Waldboden. Sofort ließ Quintus den Hornisten zur Deckung blasen, um die Lage zu besprechen. Voraus war eine hohe Steinmauer als vorgesetzte Verteidigungslinie zu erkennen, auf der die Gegner aus der Deckung heraus weiterhin ihre Pfeile losschickten.

„Wir werden uns von allen Seiten anpirschen“, ließ der Legat seinen Männern durchgeben, „jeder Angreifer soll den Tod erleiden.“ Romulus nutzte jeden Baum und sein Schild als Deckung und kam der Steinmauer immer näher. Auch die anderen folgten seinem Beispiel und unter größeren Verlusten wurde der Gegner auf der Mauer niedergemetzelt. Romulus bekam einen Streifschuss an seinem linken Oberarm ab,

[1] befindet sich auf dem Donnersberg Nähe Rockenhausen

konnte aber einige Gegner mit seinem Schwert tödlich verwunden. Nachdem dieses Hindernis eingenommen war, schwirrten immer wieder neue Pfeile von der nächsten Anhöhe auf sie herab. Oben war eine Schanze zu sehen, wo sich der Gegner auf eine Verteidigung eingerichtet hatte. Quintus befahl, diese jetzt von allen Seiten anzugreifen. Ihm standen drei Legionen zur Verfügung, der Gegner konnte nur mit einer Legion und Hilfstruppen aufwarten.

Nachdem unter großen Verlusten die restlichen Bogenschützen ausgeschaltet waren, stürmte Quintus Heer über die Schanzmauer

Jetzt kämpfte jeder Mann gegen Mann. Marcus stand plötzlich Sarturnius gegenüber. Dieser schwang seine Klinge in Richtung Oberkörper von Marcus. Durch seine bessere Kampferfahrung konnte er den Hieb abwehren und stieß seinerseits sein Schwert in den Unterleib des Gegners. Tödlich getroffen fiel Sarturnius auf den Rücken und hauchte sein Leben aus. Durch die Überzahl von Quintus Legionen war der Kampf schnell beendet und die Gefangenen ließ der Legat in Reihe aufstellen. Dann ließ er durch Tribun Octavianus die abtrünnigen Offiziere und jeden zehnten gefangenen Legionär zusammentreiben.

„Ihr habt Rom großen Schaden zugefügt“, begann Quintus mit seiner Ansprache zu den abtrünnigen Offizieren und Legionären, „euer Leben ist verwirkt und noch heute werdet ihr durch das Schwert hingerichtet. Jeder soll im römischen Reich erfahren, dass eine Revolte gegen den Kaiser mit dem Tode bestraft wird. Sarturnius Kopf wird als Mahnung nach Rom geschickt und soll auf dem Forum ausgestellt werden. Tribun Octavianus, du suchst jetzt passende Männer aus, die

die Hinrichtung ausführen!“ „Jawohl Herr, ich werde alles in die Wege leiten“, antwortete der Tribun. Einige der Verurteilten fingen fürchterlich an zu jammern, aber jeder von ihnen wurde nun durch einen Schwertstoß durch den Hals bis zum Herz hingerichtet. Eine große Stille machte sich breit, kein Laut war zu hören und alle Legionäre schauten sich betroffen an. Sie kannten viele der Hingerichteten und waren trotz der Umstände teilweise sehr traurig. Später schickte Legat Quintus einen Boten mit dem Kopf von Sarturnius in Richtung Süden, um dem herannahenden Kaiser zu berichten. Dieser wandte sich erleichtert Richtung Rom zurück mit Sarturnius Kopf im Gepäck.

Durch die Revolte waren viele Tote zu beklagen, aber Romulus und seine Freunde überlebten mit einigen Blessuren dessen Niederschlagung. Wie groß war die Freude am nächsten Tag, als die drei wohlbehalten bei Flavia an der Tür standen. Sie feierten die erfolgreiche Rückkehr bis zum späten Abend mit einem guten Essen.

„An meinem nächsten freien Tag reite ich zu Ursus und halte um die Hand von Aurelia an“, „sagte Marcus während des Essens, „ich habe mittlerweile mit ihr schon alles besprochen und sie ist einverstanden. Ich kann mein Glück kaum fassen, ich hoffe, das Ursus unserem Vorhaben zustimmen wird.“

Rufus war begeistert über die Entwicklung „Ich bin auch soweit mit Claudia, Flavia unterstützt uns ja in dieser Richtung und vielleicht könnten wir ja eine Doppelhochzeit feiern!“

Gemeinsam schmiedeten sie die Pläne für die Zukunft und ziemlich spät verabschiedeten sich Marcus und Rufus von dem glücklichen Paar.

In den nächsten Tagen sah man Marcus mit einem fröhlichen Gesicht, er hatte mit Erfolg um Aurelias Hand angehalten. Auch Rufus konnte einem Boten eine entsprechende Nachricht für Claudia und Artemis mitgeben. Dem Kaiser Domitian treu gebliebenen Truppeneinheiten erhielten den ehrenden Beinamen pia fidelis und er verfügte zusätzlich, das nur noch eine Legion in Mogontiacum untergebracht werden dürfe. Die Freunde waren stolz auf diese Ehrung des Kaisers und wurden seitdem überall hoch angesehen. Dieser Zustand würde ihnen in Zukunft manche Vorteile bringen.

Aber.....die Chatten, die sich vor einiger Zeit mit Sarturnius verbündeten hatten, waren auf einem Rachefeldzug und begannen, die Zivilsiedlungen rund um Mogontiacum zu zerstören. Aus diesem Grund schickte Quintus fünf berittene Kohorten los, um die Umgebung nach den marodierenden Chatten abzusuchen. Romulus und Marcus standen als Centurio unter dem Befehl von Kohortenführer Firminus. Dieser hatte die Aufgabe, das Gebiet südlich des Legionslagers zu kontrollieren. Marcus sorgte sich, da auch das Gut von Ursus vielleicht betroffen war.

Die Witterung war trotz des Winters etwas milder geworden und Firminus Kohorte ritt, nach allen Seiten Ausschau haltend, über die zum Teil noch schneebedeckte Landschaft. Sie schwärmten breitflächig auseinander, damit sie rechtzeitig den Feind ausmachen konnten.

„Ich spreche mit Firminus, das er mich mit meiner Centurie in der Nähe von Ursus patrollieren lässt", sprach Marcus zu Romulus, der neben ihm ritt, „dann kann ich bei Gefahr sofort eingreifen."

„Eine gute Idee“, meinte Romulus, „in der Zwischenzeit können wir den Rest unseres Einsatzgebietes absichern.“ Firminus war einverstanden und die restliche Kohorte ritt weiter auf der Suche nach den Eindringlingen. Einige Zeit später gewahrte Romulus auf einem Schneeflecken die Spuren einer Gruppe von Reitern. Sie folgten dieser Richtung und erkannten in der Ferne eine Rauchsäule. Als sie näher kamen, sahen sie, dass eine größere Horde von Chatten über eine Zivilsiedlung hergefallen war. Firminus ließ seine Kohorte jetzt in vollem Galopp angreifen, um den bedrängten Bewohnern zu helfen. Die überraschten Chatten hielten inne mit dem Abschlachten der Zivilbevölkerung und wandten sich den angreifenden Römern zu. Aber Firminus war mit seinen Männern in der Überzahl und nach einem kurzen heftigen Kampf lagen die Gegner selbst blutbesudelt auf dem kalten Winterboden. Romulus war außer sich vor Sinnen und stieß den noch wenigen Schwerverletzten sein Schwert durch deren Kehlen. Amilius machte es ihm nach, saß doch der Hass über die Barbaren tief in seinem Herzen fest. Firminus Männern stockte der Atem, als sie das Schlachtfeld in Augenschein nahmen. Überall Schreien, Verletzte und Tode lagen am Boden, auch zerhackte Glieder und große Blutlachen bedeckten den weißen Schnee. Halbnackte Kinder riefen verzweifelt die Namen ihrer Eltern aber Tote können nicht mehr antworten. Die meisten Häuser, Hütten und Werkstätten standen in Flammen, das Chaos war unübersehbar.

„Sie kamen wie ein Sturm über uns“, sprach der Dorfälteste, der mittlerweile bei Firminus stand, „ich habe mich im letzten Moment hinter einer Mauer verstecken können und musste mir das Gemetzel leider zähneknirschend ansehen. In meinem Alter kann ich keine Kämpfe mehr führen, es hat mein Herz zerrissen. Sie jagten meine Leute vom Pferd aus, schlugen und erstachen sie, machten keinen Unterschied zwischen Alten und Jungen, Frauen, Männern und Kindern."

„Leider kamen wir zu spät", meinte Firminus mitfühlend, „ich werde euch aus Mogontiacum Hilfe zukommen lassen, damit die zerstörten Gebäude wieder aufgebaut werden. Außerdem lasse ich eine Truppe Legionäre zu eurer Sicherheit da."

„Vielen Dank", sagte der Alte nun, „wir müssen weiterleben, denn hier ist unsere Heimat."

Nachdem die toten Chatten verscharrt waren, zog die Kohorte weiter auf der Suche nach weiteren Horden. Gegen Abend trafen sie auf Marcus. „Hier war alles ruhig", erzählte er, „eurem Bericht zufolge haben wir den Göttern sei Dank noch keinen Feind gesehen. Wenn es Firminus mir erlaubt, würde ich gern mit meiner Centurie noch ein bis zwei Tage zum Schutz dableiben!" Der Kohortenführer gewährte ihm diese Bitte und zog dann zum Legionslager zurück, um sich am nächsten Tag wieder auf die Suche zu begeben. Es dauerte einige Wochen, bis die Chatten überwältigt waren und wieder Ruhe im gesamten Umland einkehrte. Es hatte viel Leid, Tod und Zerstörung gegeben, aber die Menschen waren wieder zuversichtlich und bauten mit Hilfe der Legionäre ihre zerstörten Häuser neu auf. Durch den Schutz von Marcus konnte das Landgut von Ursus gerettet werden, weil ein Überfall erfolgreich abgewehrt wurde und dabei die Feinde allesamt den Tod fanden.

In den folgenden Tagen und Wochen wurde keiner der Feinde mehr gesichtet. Viele Legionäre waren abkommandiert, um die zerstörten Gebäude in den Dörfern wieder mit aufzubauen. Der Frühling hielt Einzug und überall sah man schon die Knospen sprießen. Die Bewohner fassten wieder Mut für den Neuanfang, das milde Wetter half ihnen bei dem Aufbau der zerstörten Häuser.

Marcus war in jeder freien Zeit bei Ursus auf dem Land, um Aurelia zu besuchen. Dieser war dankbar, dass Marcus dessen Landgut vor der Zerstörung durch die Barbaren retten konnte und war ja damit einverstanden, dass Marcus Tochter Aurelia zur Frau nahm.

„An den Iden des Aprilis wird Hochzeit gefeiert", sprach Ursus eines Abends während des Essens, „dieser Monat liebt die Sonne und die Natur ist im Aufblühen begriffen. Das ist ein gutes Zeichen, um eine Ehe einzugehen. Aber es wird eine Doppelhochzeit geben, mit Artemis und Rufus ist alles abgesprochen. Artemis ist schon mit seiner Familie aus Rom zu uns unterwegs, damit seine Tochter Claudia ihren Rufus heiraten kann. Die Umstände ließen ihm keine andere Wahl." Nach dieser Rede kehrte Stille ein, Marcus und Aurelia sahen sich freudestrahlend in die Augen und dann wurde Ursus mit Fragen bestürmt. „Da Rufus durch die momentane Situation keine Freistellung bekommt und Claudia ihren Vater zu dieser Reise überreden konnte, habe ich mich diesem Vorhaben angeschlossen", erklärte Ursus seiner Familie.

„…………Es ist ein Junge, es ist ein Junge!", kam eines Morgens Romulus in das Legionslager gestürmt, „Flavia hat uns heute Nacht einen Sohn geboren, wir haben ihm den Namen Marcus Julius gegeben, „ Im Nu war er von seinen Kameraden und Freunden umringt und jeder gratulierte ihm zu seinem ersten Sohn."Heute Abend werden wir das Ereignis in unserem Tabernae gebührend feiern", raunte Romulus zwischendurch seinen Freunden zu, „Vater werden ist ein gutes Gefühl."

Die Becher wurden laufend nachgefüllt, im Schankraum herrschte eine gute Stimmung und die Freunde waren in bester Laune. „Romulus hat mich zu einem Onkel gemacht, der Junge trägt sogar meinen Namen und in den nächsten Wochen werde ich meine geliebte Aurelia zur Frau nehmen, das Leben kann so schön sein“, sprach Marcus zu seinen Freunden und Rufus brachte auch seine Gefühle zum Ausdruck: „Endlich kann ich meine Claudia für immer in die Arme nehmen und mit ihr Hochzeit feiern.“ Zu später Stunde wankten sie hinaus in die frische Nachtluft und suchten wie auf Flügeln ihr Nachtlager auf.

Romulus und seine Freunde wurden zu Wachdiensten eingeteilt und patrollierten das Wegenetz rund um Mogontiacum. Da es nach den vorausgegangenen Kämpfen ziemlich friedlich war, reparierten die Legionäre Strassen und Brücken, auch Gewaltmärsche und Waffenübungen waren an der Tagesordnung. Romulus war von diesen Arbeiten als Offizier befreit und überprüfte meistens den Fortschritt der Arbeiten von den Legionären.

Der Tag kam immer näher, die [1]Iden des Martius waren schon vorüber, als Artemis mit seinem Gefolge in Mogontiacum eintraf. Müde von der Reise betrat Artemis mit seinem Gefolge das Haus von Romulus. Groß war die Freude bei der Begrüßung und die Familie konnte von dem Anblick des kleinen Marcus Julius nicht genug haben. Später traf Rufus ein und nahm seine Claudia freudestrahlend in seine Arme. Auch Marcus war mittlerweile eingetroffen und umarmte seine Eltern, die er lange nicht mehr gesehen hatte.

---

[1] der 15. März

„Ich bin sehr stolz auf euch", sprach Artemis, „eure Taten sind bis Rom vorgedrungen. Ihr seid vom Kaiser für eure Treue geehrt worden und habt die Revolte von Sarturnius erfolgreich niedergeschlagen. Aber jetzt sind wir hier, um Hochzeit zu feiern, ich hoffe, das Ursus schon einige Vorbereitungen getroffen hat." „Ja", sagte Marcus, „er hat mir aufgetragen, dass ich euch sofort nach der Ankunft zu ihm bringe, er hat schon die Gästezimmer bereitgestellt." „Dann auf", meinte Artemis, „die Reise war anstrengend, lass uns noch heute das Landgut aufsuchen!" Marcus und Rufus beleiteten die Familie auf das Landgut und Ursus bat seine Gäste mit gestenreichen Worten in sein Haus. Am nächsten Morgen besprachen die beiden Väter den Ablauf der anstehenden Hochzeiten.

Endlich kam der heiß ersehnte Tag. Auch Rufus Freund Amilius war zu der Hochzeit eingeladen. Der Tag begann in der Frühe mit der üblichen Eingeweideschau, die für die Paare günstig ausfiel. Dann erschienen die beiden Bräute, begleitet von ihren Vätern, jede mit einer weißen Toga bekleidet und Blumenkränze im Haar, im [1]Peristylium. Die Säulenumgebende Gartenhalle war festlich geschmückt und die anwesenden Gäste bildeten einen großen Kreis um die Brautpaare. Marcus und Rufus nahmen nun jeweils die rechte Hand ihrer Braut und dann wurden die Eheverträge vor allen Zeugen verlesen. Anschließend bat Ursus mit diesen Worten alle zu einem opulenten Hochzeitsmahl „Meine Küche hat feinsten Gerichte zubereitet, es wird an nichts fehlen." Man konnte den Brautleuten ihr Glück regelrecht ansehen, sie hatten nur noch Augen für sich.

[1] offener Innenhof mit Wasserbecken und Säulengang rundum

„Ich danke dir Ursus", sprach Artemis während des Mahls, „das war die beste Möglichkeit für mich, die Hochzeit meiner Tochter außerhalb meines Hauses durchzuführen." „Ich denke", meinte dieser, „dass wir viele gemeinsame Interessen haben und in Zukunft unsere Bekanntschaft vertiefen sollten. Vielleicht gibt es auch eine Möglichkeit, unsere geschäftlichen Interessen miteinander zu verbinden." „Du bist jederzeit in meinem Haus in Rom willkommen, diesbezüglich wird sich sicher eine Möglichkeit finden."

Außer den beiden Brautpaaren stand auch der kleine Marcus Julius im Mittelpunkt der Gäste. Flavia hielt den Kleinen liebevoll in den Armen und Romulus meinte „Mein Sohn wird sicher auch einmal in meine Fußstapfen treten." „Wir werden dir nacheifern", rief Marcus, „von unseren Söhnen wird man später noch reden."

Einer der Gäste erhob nun das Wort: „Bei jeder Hochzeit darf ein [1]Gedicht für die Braut nicht fehlen, jetzt ist es an der Zeit, dieses vorzubringen:

Ich weiß nicht, was ich an dir am meisten loben soll. Dein Haupt? Aber da sind auch deine Augen. Aber die Wange möchte auch gelobt sein. Also die Wangen? Aber mich reizen auch deine Lippen und entflammen mich zur Liebe, wenn sie, geschlossen, dir einen neuen Reiz geben oder, geöffnet, süße Wohlgerüche hauchen. Stehst du vollends da wie Aphrodite auf dem Ida, dann strahlen mir tausend bisher verborgene Schönheiten in die Augen.

Die Gäste ließen darauf ihre Becher klirren und feierten bis zum späten Abend.

[1] original römisches Gedicht

2. Feldzug gegen die Daker

Einige Tage später trat Artemis mit seiner Frau die Heimreise an und der Alltag kehrte wieder ein. Marcus wohnte fortan außerhalb seines Dienstes auf dem Landgut und Rufus mit seiner Claudia wie abgesprochen bei Romulus. Für Flavia und Claudia war es fast wieder wie in ihrer alten Heimat. Ihre Männer verrichteten ihren Dienst im Legionslager und die Zeit verging ohne weitere Überfälle der Chatten über viele Wochen dahin.

Eines Abends kam Romulus bedrückt nach Hause. „Was ist denn passiert?“, fragte Flavia, „so traurig hab ich dich noch nie gesehen.“ „Wir sind wieder abkommandiert worden und werden deshalb viele Wochen unterwegs sein, aber zum Glück ist jetzt deine Schwester hier und du bist nicht allein. Quintus schickt uns wieder in das Dakerreich, einige Germanenstämme haben die Legio XXI Rapax vernichtend geschlagen.“ Auch Rufus und Marcus waren niedergeschlagen, weil sie ihre mittlerweile schwangeren Frauen zurücklassen mussten.

Zwei Tage später war Tribun Octavianus mit fünf Kohorten unterwegs, um Kaiser Domitian in [1]Pannonia zu unterstützen. Für diesen Marsch waren vierzig Tage vorgesehen, da nur die Offiziere beritten waren. Die ersten Tage begleitete sie der Rhenus, an dem sie vorbeizogen.

„Wir ziehen einer ungewissen Zeit entgegen“, begann Romulus, „ich hoffe, das wir wieder heil zurückkommen, um unsere Frauen wieder in die Arme zu schließen!“ „Das ist auch mein Wunsch“, entgegnete Marcus, der neben ihm ritt, „ich möchte

[1] Gebiet im heutigen Ungarn und Teile von Kroatien und Serbien

später mit Aurelia das Landgut ihres Vaters übernehmen, so haben wir es abgesprochen!“ „Dann wirst du eines Tages deine Militärlaufbahn beenden müssen“, meinte Romulus, „ich kann mir im Moment diese Situation noch nicht vorstellen, dich als Gutsbesitzer?“ „Ich auch noch nicht, aber für Aurelia werde ich mich darauf einstellen, ich liebe sie“, war seine Antwort.

Die Tage vergingen ohne weitere Vorkommnisse und mittlerweile lag schon [1]Vindobona hinter ihnen. In der Nähe von Carnuntum kam ihnen ein Bote entgegen und verlangte den Tribun zu sprechen.

„Kaiser Domitian steht mit seinen Truppen schon in [2]Brigetio“, berichtete er dem Tribun, „ab heute wird seine Legion die [3]Ister überschreiten, um Einheiten der abtrünnigen Germanen anzugreifen. Deine Truppe hat den Auftrag, die Umgebung von Brigetio zu sichern, weil auch dort die Zivilsiedlungen in Gefahr sind. Aber achtet auf die Jazygen, ein Volk von gefährlichen Reiterkriegern, die sich mit den Germanen verbündet haben!“ Tribun Octavianus befahl daraufhin sofort den Aufbruch gen Süden, um das angesprochene Gebiet zu sichern. Die Sonne stand mittlerweile hoch am Himmel und die Männer spürten die aufkommende Hitze des Tages. Romulus lenkte sein Pferd durch die Grasbewachsene Ebene, immer wachsam mit seinen Blicken in der Umgebung. Die Felder waren von den Bauern schon bestellt, er sah hier und da schon das erste Grün der aufgehenden Saat. Sie kamen immer wieder an kleinen Siedlungen vorbei, erst erschraken die

---

[1] Wien

[2] Stadt Komarom in Ungarn

[3] Unterlauf der Donau

Bewohner, aber dann erkannten sie die friedliche Absicht der Legionäre. Auf Befragen von Octavianus erklärte ein Bauer aus einer Siedlung, das er und seine Nachbarn in der Ferne vor einer kleinen Anhöhe eine riesige Staubwolke bemerkt hätten.

„Ich kam gestern aus Brigetio zurück", „sagte er, „auf dem Markt erzählte man mir, das eine wilde Reiterhorde schon einige Siedlungen in Brand gesetzt haben und die Bewohner, Männer, Frauen und Kinder erstochen, enthaupteten oder tot prügelten. Diese Taten haben uns alle entsetzt und wir fürchten auch um unser Leben." „Wir sind abkommandiert zu eurer Sicherheit", erwiderte der Tribun, „die Barbaren werden dafür mit ihrem Leben bezahlen." Mit diesen Worten gaben sich die Bewohner zufrieden und Octavianus eilte mit seinen Männern in die angegebene Richtung. Unterwegs passierten sie eine überfallene Siedlung, die Zerstörung und die übel zugerichteten Leichen ließen ihre Wut maßlos steigern. Der Tribun veranlasste, dass die Toten bestattet wurden und gab den Befehl, bei einem Zusammentreffen keine Gnade walten zu lassen. Endlich erreichten sie die beschriebene Anhöhe und Marcus sah als erster die frischen Hufabdrücke auf dem weichen Boden. Von der Anzahl her war von vielen Pferden auszugehen. Sie führten die Anhöhe hinauf und die Kohorten folgten eiligst dieser Fährte. Oben angekommen sahen sie das Unglück, welches sich voraus in der Ebene abspielte. Einige Häuser brannten schon lichterloh und die Bewohner schienen um ihr Leben zu rennen. Der Tribun rief zum Angriff und schon stürmten die Legionäre in aller Eile den Abhang hinunter Richtung Kampfgeschehen. Die Jazygen bemerkten jetzt den heranstürmenden Feind, ließen von ihrem grausamen Gemetzel ab und stürmten mit ihren schnellen Pferden auf die

Römer los. Sie waren unter anderem mit Lanzen und Bogen bewaffnet und schossen während des Reitens ihre Pfeile ab. Viele Legionäre konnten dem plötzlichen, unerwarteten Pfeilhagel nicht ausweichen und fielen getroffen zu Boden. Romulus und die anderen Offiziere waren durch ihre Pferde beweglicher und konnten den Pfeilen geschickt ausweichen. Sofort ließ Octavianus eine Schildkröte herstellen und die Offiziere suchten Schutz in deren Mitte. Jetzt wendete sich das Blatt und die anstürmenden Jazygen wurden mit den Wurflanzen von den Pferden geholt. Nach einiger Zeit und auch durch die vielen Toten in ihren eigenen Reihen bemerkten die Feinde die Pattsituation und suchten ihr Heil in der Flucht.

Die Hälfte der Bewohner lag verstümmelt oder tot zwischen den Häusern, die Unverletzten bedankten sich bei Octavianus für die schnelle Hilfe. „Wir wissen nun, dass du mit deinen Männern der Horde auf den Fersen bist“, schluchzte ein Überlebender, „deshalb bestatten wir unsere Toten, hier ist unsere Heimat. Wir bauen die zerstörten Häuser wieder auf. Natürlich auch, weil wir unsere Felder schon bestellt haben.“

Der Tribun versicherte den Bewohnern, das sie die Feinde vernichten würden und wandte sich an seine Männer: „Diese Reiterhorde können wir im freien Feld nicht besiegen, wir müssen sie in einer dicht bewaldeten Gegend stellen, wo sie mit ihren Pferden keinen Vorteil haben und Mann gegen Mann kämpfen müssen. Durch unsere Überzahl müsste es dann gelingen, sie zu überwältigen. Wir folgen ihrer Fährte und locken sie mit einer List in ein Waldgebiet.“ „Das ist eine gute Idee“, bemerkte Romulus, „wir stehen entschlossen hinter dir und suchen uns den richtigen Platz für dieses Vorhaben.“

Nachdem die toten Legionäre bestattet und die Verwundeten versorgt waren, brachen die Männer auf, um den Vorschlag des Tribuns umzusetzen. Sie folgten der Fährte und gegen Ende des zweiten Tages gewahrte eine kleine Vorhut den Feind auf einer großen Lichtung in einer bewaldeten Ebene. Romulus und Marcus wurden von Octavianus als Späher ausgesandt, um die Lage zu beurteilen. In sicherem Abstand ließ der Tribun ein Nachtlager herrichten, so dass er jederzeit aufbrechen konnte.

Die Dämmerung war schon angebrochen, als die beiden sich, auf dem Boden kriechend, an das Feindlager heranpirschten. Sie fanden eine dicht bewaldete Hecke am Rande der großen Lichtung und konnten von hier aus das Treiben der Feinde beobachten.

„Sieh nur, es sind gut fünfhundert Krieger, die hier ihr Lager aufgeschlagen haben“, flüsterte Marcus, „die scheinen sich sehr sicher zu fühlen.“ „Das sehe ich“, gab sein Freund leise zurück, „es sind auch keine Wachposten auszumachen, wir sollten sie im Morgengrauen angreifen, die Überraschung wird auf unserer Seite sein. Lass uns leise zurückziehen, damit wir Octavianus davon in Kenntnis setzen.“ Mit aller Vorsicht robbten die beiden vom Rand der Lichtung weg und begaben sich umgehend zu ihrem Lager. Romulus berichtete seinem Tribun von dem Ergebnis ihrer Mission und dieser ließ sofort seine Offiziere antreten. „Macht euch zum Kampf bereit, ich nehme den Vorschlag von Romulus an, wir greifen die Feinde im Morgengrauen an. Heute Nacht haben wir genügend Zeit, sie zu umzingeln. Ich erwarte von jedem Legionär, dass er sich lautlos anpirscht und dann alle auf mein Kommando angreifen. Mein Hornist wird dazu drei Hornstöße abgeben!“ Die Offiziere setzten daraufhin ihre Männer in Kenntnis der Lage und gegen Mitternacht begann der Aufbruch. Nachdem sie in der Nähe der Lichtung waren, versuchte nun jeder, so leise wie möglich seine Angriffsposition zu erreichen. Da Romulus als einer der ersten seine Stellung erreichte, gewahrte er einige Wachposten am Rande der Lichtung. Er gab leise diese Information weiter und schlich sich an den ihm nächst stehender Wache geräuschlos an. Dieser lehnte unbekümmert an einem Baum und versuchte, nicht einzuschlafen. Romulus musste ihn lautlos töten, schlich deshalb hinter den Baum und hieb ihm dann mit einem schnellen Schwerthieb den Kopf ab. Durch den heftig ausgeführten Streich flog dieser in eine Hecke und der Körper rutschte langsam auf die Erde. Alle anderen Wachen erlitten ein ähnliches Schicksal. Die Wolken verhangende Nacht begünstigte zusätzlich den bevorstehenden Angriff und kurz vor der Dämmerung ging das Inferno los.

Drei Hornstöße zerrissen die morgendliche Stille und Octavianus Männer stürmten mit erhobenen Schwertern in das Lager der Feinde. Diese ergriffen noch im Halbschlaf ihre Waffen und wehrten sich mit aller Kraft gegen die anstürmenden Römer. Aber als Reiterkrieger waren die Jazygen den Legionären im Nahkampf unterlegen und sie wurden reihenweise abgeschlachtet. Octavianus Männer wüteten wie im Rausch unter den Feinden und die Erde bedeckte sich mit Blut, Erbrochenem und zahlreichen Toten. Einigen Feinden gelang es noch, ihre Pferde zu erreichen und sie flohen in rasendem Galopp durch den Wald davon. Mehrere Legionäre wollten sich auf die Pferde der Feinde schwingen und die Verfolgung aufnehmen. „Lasst sie fliehen!“, rief Octavianus laut, weil er das Schreien und Brüllen der Kämpfenden übertönen musste, „die

Flüchtenden sollen von ihrer Niederlage berichten und werden sich sicher auf ihr Stammesgebiet zurückziehen."

Als die aufgehende Morgensonne ihre ersten wärmenden Strahlen auf die Erde sandte, war der Kampf vorbei. Der Tribun befahl seinen Kohortenführern, die Reihen der Feinde zu sichten und jeden noch lebenden Verwundeten auf der Stelle zu töten. Diese jammerten angsterfüllt, als sie das Vorhaben der Römer sahen, aber es wurde keiner verschont. Dann wurden die Toten in mehreren Haufen aufgeschichtet und Octavianus ließ sie alle verbrennen. Bei der nun stattfindenden Lagebesprechung erklärte der Tribun: „Den Göttern sei Dank haben wir nur wenige Tote zu beklagen, lasst ihnen eine heldenhafte Bestattung zukommen und macht dann die Verwundeten marschbereit. Wir nehmen die Pferde der Jazygen mit, das wird unseren Rückmarsch vereinfachen."

Nach zwei Tagen passierten sie die zuvor überfallende Siedlung und ein Bauer eilte freudestrahlend auf Octavianus zu: „Ihr habt sicher die Bastarde vernichtet, wir sahen gestern eine Gruppe von Reitern, die in vollem Galopp in der Nähe vorbeistürmten. Sie nahmen von uns keine Notiz mehr, da war uns klar, dass ihr sie besiegen konntet." „Ja mein Freund", erwiderte der Tribun, „in Zukunft könnt ihr hier wieder in Frieden leben. Wir reiten jetzt nach Brigetio, um dort für eure weitere Sicherheit zu sorgen." Nach einer kurzen Verabschiedung begaben sich die Römer auf den Rückweg.

Romulus ließ sein Pferd zurückfallen und schloss auf Marcus auf: „Wir haben uns tapfer geschlagen, gut, das keiner von uns beiden Schaden genommen hat", meinte er zu Marcus, „auch Rufus trägt keine Verletzungen von dem Kampf davon. Unsere Frauen werden sich glücklich schätzen, wenn wir heil zurückkommen. „Dass stimmt, ich hoffe, dass wir sie in einigen Wochen wieder in die Arme schließen können“, gab Marcus zu Antwort.

Nach drei Tagen erreichten sie Brigetio. Unterwegs kamen sie an einigen zerstörten Siedlungen vorbei und konnten den Bewohnern berichten, dass jetzt die Zeit der Überfälle vorbei sei. In Brigetio trafen sie auf Kaiser Domitian und erfuhren, dass seine Legionäre die Feinde jenseits der Ister erfolgreich besiegen konnten.

Der Kaiser ließ nun seine Truppen, nachdem alle anwesend waren, im Kastell versammeln und erhob seine Ansprache an die Anwesenden: „Wir haben wieder einen Sieg errungen, unseren tapferen Legionären gebührt mein Dank für ihren hervorragenden Kampfeinsatz. Pannonien ist ab heute wieder sicher, jeder hier lebende römischer Bürger kann darauf vertrauen. Morgen früh verlassen wir Brigetio, fünf Kohorten werde ich hier stationieren, damit auch in Zukunft die Sicherheit gegeben ist! Mein Dank gilt auch den Kohorten aus Mogontiacum, die ich wegen ihrer Ortskenntnisse angefordert habe, sie haben die berüchtigten Jazygen erfolgreich bekämpft. Grüßt mir euren Legat Quintus nach eurer Rückkehr.“

Nach dieser Ansprache trafen alle ihre Vorbereitungen für die Rückkehr am nächsten Tag. Am Abend saßen die drei Freunde am Lagerfeuer und Romulus meinte: „Ihr beide seit sicher schon Väter, weil wir zu den Geburtsterminen ja abwesend waren. Ich bin gespannt, welche Kinder uns zu Hause erwarten.“ „Rufus und ich geben ein großes Fest“, antwortete Marcus, „wir müssen die Ankunft unserer Kinder feiern, ich habe mit ihm schon alles abgesprochen.“ „Ja“, meinte dieser, „so wird es geschehen.“

Der Rückmarsch dauerte gefühlsmäßig doppelt so lange, weil die Freunde es kaum erwarten konnten, ihre Liebsten wieder in die Arme zu schließen. Der Spätsommer war in diesem Jahr ziemlich heiß, es fiel kaum Regen und die Strapazen verursachten bei den Männern viel Verdruss. Der Tribun griff öfters ein, um Streitigkeiten unter den Murrenden zu beenden. Zu Beginn des Herbstes waren sie noch zwei Tagesmärsche von Mogontiacum entfernt und der Tribun sah die Freude in den Gesichtern seiner Männer. In Gedanken trauerte er um die Unglücklichen, die bei den Kämpfen ihr Leben verloren hatten. Viele Frauen aus Mogontiacum warteten jetzt vergeblich auf die Rückkehr ihrer Liebsten. Vorsorglich hatte er gestern schon einen Reiter losgeschickt, der ihr Kommen ankündigen sollte.

Als das Legionslager und die Lagervorstadt in Sichtweite kamen, standen schon viele Angehörige vor den Toren. Laute Freudenrufe schallten den Männern entgegen und einige liefen den Ankömmlingen entgegen. Die Legionäre waren jetzt nicht mehr zu halten und stürmten seinerseits zu ihren Angehörigen. Der Tribun lächelte erfreut über diesen Empfang und ließ seine Männer gewähren. Dann begab er sich zu seinem Legaten, um den Gruß des Kaisers zu überbringen und um seinen Bericht abzugeben.

Die Freunde suchten ihre Frauen auf, die wegen der Kinder in im Haus geblieben waren. Flavia war sehr aufgeregt und erklärte dann ihrem Liebsten, dass sie auch wieder ein Kind ihrer Liebe unter dem Herzen tragen würde. Romulus konnte sein Glück kaum fassen und teilte seinen Freunden die gute

Nachricht mit. Marcus und Rufus gratulierten ihm und nahmen danach ihre neugeborenen Kinder zum ersten Mal überglücklich in die Arme. Ihre Frauen wurden mit Küssen überdeckt und freuten sich über die gesunde Heimkehr ihrer Männer.

„Zur Feier des Tages haben wir ein Festmahl hergerichtet“, begann Flavia nach den vielen Umarmungen, „dabei können wir alle Neuigkeiten austauschen. Nehmt Platz und lasst uns das Essen genießen.“

„Das gefüllte Spanferkel schmeckt hervorragend“, „stellte Romulus während des Essens fest, „auch die Beigaben sind köstlich. Wir haben uns ja die meiste Zeit mit einem einfachen Eintopf begnügen müssen. Ich bin aber jetzt neugierig, welche Namen ihr den beiden Säuglingen geben werdet?“

„Mein Sohn erhält den Namen Diomedis“, antwortete Rufus, „dadurch soll unser verstorbener Freund, der bei dem Untergang von Pompeji sein Leben verloren hat, geehrt werden.“

„Das ist eine schöne Geste von dir“, meinte Romulus, „wir haben eine schöne Jugend zusammen verbracht. Nun zu dir Marcus, wie wirst du deine Tochter nennen? Sie ist so liebreizend wie ihre Mutter.“

Aurelia fiel errötend ihrem Mann ins Wort und sagte „Wir geben ihr den Namen Julia, der passt gut zu ihrer Schönheit. Darin sind wir uns beide einig.“

Zuerst berichteten nun die Frauen, dass sie während der Abwesenheit ihrer Männer ein friedliches Leben führen konnten. Es gab keinerlei Überfälle im Land und die zurück gebliebenen Legionäre waren mit den üblichen Aufgaben beschäftigt gewesen. Die Freunde erzählten dann in großen Zügen, welche Abenteuer sie bestanden hatten. Spät am Abend brach Marcus mit seiner Familie auf, sie wurden schon von Ursus und seiner Frau erwartet.

Der Legat hatte nach dem Gespräch mit Octavianus den Rückkehrern zwei Tage Ruhe verordnet, dann begann wieder der Alltag im Legionslager. Nach einigen Monaten wurde Romulus zu Legat Quintus bestellt, der ihm einen neuen Auftrag zuteilte.

„Ich habe von einem Boten erfahren“, begann Quintus, „das es am Erdkastell, welches am Rhenus liegt, zu neuen Unruhen gekommen ist. Nimm deine Männer und kläre vor Ort, was vorgefallen ist! Ich erwarte danach deinen Bericht.“

„Ja Herr, dein Befehl wird sofort ausgeführt“, antwortete Romulus und sammelte seine Männer für den Aufbruch. Da mittlerweile seine Centurie beritten war, kamen sie schnell voran. Romulus entschied, den Weg rechts des Rhenus am Ufer vorbei zu nehmen. Diese Strecke war kürzer als der Grenzpfostenpfad durch die germanischen Wälder. Bei den ersten Meilen durchritten sie eine breite Flussebene und sahen die Bauern auf dem Feld bei ihrer Arbeit zu. Später kamen sie an kleinen Siedlungen vorbei und konnten die Fischer bei ihrer Tätigkeit beobachten. Hier wurde das Flusstal immer enger und viele hochragende Felsen endeten knapp am Ufer. Sie befanden sich hier auf einem uralten Handelsweg, auf dem sich zwei Reiter nebeneinander fortbewegen konnten.

Mittlerweile ritten Romulus und Rufus an der Spitze der Einheit und bewunderten die Schönheit dieser Landschaft. Schroffe Felsen und langsam ansteigende, bewaldete Täler lagen am Ufer des Flusses. Der beginnende Herbst ließ schon die Blätter in vielerlei Farben aussehen. Auch sahen sie an einigen Steilhängen den Weinbauern bei ihrer Traubenernte zu.

„Der Wein, der hier angebaut wird, soll ja besonders gut schmecken“, unterbrach Romulus die Stille, „in Mogontiacum wird er sehr gelobt.“ „Da kann ich dir nur zustimmen“, meinte Rufus, „wenn du dich erinnern kannst, schmeckte der Wein von den Hängen des Vesuvio genau so gut. Das mag wohl daran liegen, dass die Reben an den Berghängen viel der Sonne ausgesetzt sind.“ „Ja“, seufzte Romulus, „damit erinnerst du mich wieder an unsere schöne Jugendzeit in Pompeji, wir waren sorglos und genossen unser Leben ohne uns vor jemand zu fürchten. Aber lang ist es her und nach unserem Aufbruch haben wir schon oft dem Tod ins Auge geschaut. Ich hoffe, dass uns die Götter weiterhin beschützen und wir ein langes Leben mit unseren Frauen und Kinder haben!“ „Ich wünsche mir das gleiche!“, kam die kurze Antwort seines Freundes zurück.

Mittlerweile kam ihr Ziel, das Erdkastell am Ufer des Rhenus in Sicht und sie stellten entsetzt fest, das das Kastell von den Chatten schon umzingelt war und der hölzerne Wachturm in der Nähe lichterloh brannte. Schnell gab Romulus den Befehl, in Reihe auszuschwärmen um dem Feind in den Rücken zu fallen. Diese waren zahlenmäßig an die Hundert und stellten sich sofort auf die neue Situation ein. Aber da sie jetzt von zwei Seiten attackiert wurden, war ihr Ende abzusehen. Über die Hälfte wandten sich den neuen Angreifern zu und der Rest versuchte, die Kastellbesatzung in Schach zu halten. Von hier aus wurden viele durch Pfeilbeschuss niedergestreckt, Romulus Männer überrannten die anderen mit ihren Pferden und ihre Schwerter hielten grausame Ernte unter ihnen.

„Das war Hilfe im letzten Moment“, kam Lucius nach dem Gefecht zu Romulus, „wir waren in Sorge, diese Belagerung nicht mehr lange durchzustehen. Die Chatten tauchten im Morgengrauen aus dem Nebel hervor und setzten zuerst den Wachturm in Brand. Dessen Besatzung hat es leider nicht überlebt. Ich konnte noch schnell das Kastelltor schließen lassen und hielt dann mit meiner Besatzung die Feinde auf Distanz. Ohne eure Hilfe wären wir sicher überrannt worden.“ „Ein Glück, das uns der Legat rechtzeitig abkommandiert hat“, erwiderte Romulus, „ihm war schon die unsichere Lage bekannt. Rufus und Amilius, ihr sucht mit einigen Legionären das Schlachtfeld ab und jeder überlebender Feind soll durch das Schwert getötet werden!“

Nachdem die Toten bestattet und die größten Schäden am Kastell beseitigt waren, setzten sich Romulus und Lucius zusammen und besprachen das weitere Vorgehen. „Morgen früh werden ich mit meinen Männern die Gegend absuchen“, begann Romulus, „unser Legat will über den jetzigen Zustand einen Bericht haben, um vielleicht weitere Maßnahmen zu ergreifen.“ „Wir wurden in letzter Zeit häufig angegriffen“, meinte Lucius, „aber bis auf heute waren es nur kleine Scharmützel. Es scheint sich was Größeres anzubahnen. Gut, das ihr morgen die Gegend umfassend kontrolliert.“

Bei den Legionären war die Anspannung abgefallen und sie bereiteten ihr Abendessen an mehreren Lagerfeuern. Lucius lies ausreichend Wachen aufstellen, doch die Nacht verging ohne weitere Zwischenfälle.

Früh am nächsten Morgen ritt Romulus mit seinen Männern in Richtung Norden, immer am Fluss entlang. Nach kurzer

Zeit entdeckten sie auf der anderen Flussseite eine [1]römische Ziegelei. Sie sahen das lebhafte Treiben der Arbeiter und das Qualmen der Brennöfen. Auch war in der Nähe eine kleine Ansiedlung zu erkennen, vermutlich die Behausungen der Arbeiter.

„Manchmal würde ich das einfache Leben eines römischen Bürgers vorziehen“, meinte Rufus, als er dem Treiben auf der anderen Seite zusah, „man ist nicht so vielen Gefahren ausgesetzt und meine Familie könnte sorgloser leben. Aber auf der anderen Seite ist unser Leben ein einziges Abenteuer und jeder Tag ergibt neue Situationen.“ „Ich gebe dir wegen des gefahrlosen Lebens recht“, bemerkte Romulus, „aber für mich war von Anfang an klar, dass meine ganze Zukunft nur bei dem Militär liegt. Hier fühle ich mich an der richtigen Stelle und würde das niemals aufgeben.“

Nach der kurzen Lebensphilosophie ritten sie weiter und sahen in der Ferne ein [2]hohes Plateau, wo Romulus einige Gestalten am Felsrand ausmachen konnte. Er gab seinen Männern den Befehl, einen Aufgang zu suchen, um dieses Gebiet zu erkunden. Nach einigem Suchen fanden sie eine schmale, steile Schlucht, die den Hang hinaufführte. Nun nahm jeder sein Pferde an die Leine und sie stiegen nach allen Seiten sichernd, den schmalen Pfad hinauf.

Urplötzlich rollten zwischen den Bäumen mehrere mannsgroße Feuerballen von beiden Seiten auf die Männer herab und jeder versuchte, dem Grauen auszuweichen. Eine handvoll Legionäre waren nicht schnell genug und wurden brennend mit in die Tiefe gerissen. Einen Augenblick später

[1] Am Ufer von Bad Breisig

[2] die Erpeler Lay

surrten viele Pfeile durch die Morgenluft und brachten noch mehr Legionären den Tod. Romulus brüllte seine Befehle und der Rest suchte blitzschnell hinter Bäumen und Erdhügel eine Deckung. Aus den Augenwinkel heraus erkannte Romulus, das seinem Freund Rufus ein Pfeil im linken Oberarm steckte. Aber jetzt war keine Zeit für tief greifende Gedanken, der Feind stürmte mit erhobenen Schwertern und Äxten auf den Rest seiner Abteilung zu. Seine restlichen Männer sprangen mit erhobenen Schildern aus ihrer Deckung und rannten den Angreifern entgegen. In dem abfallenden Gelände fiel es beiden Truppen schwer, genügend Halt im Zweikampf zu haben.

Obwohl die Feinde in der Überzahl waren, gelang es den Legionären, sich durch ihr jahrelanges Training erfolgreich zu wehren. Schreie und Schmerzrufe durchbrachen die Stille des Morgens und weithin erklang das Klirren der Schwerter. Da sah Romulus seinen Freund in arger Bedrängnis, weil dieser durch seine Verletzung dem Feind auf Dauer unterlegen war. Sofort eilte er ihm zur Hilfe und schlug mit einem Streich dem Angreifer den Schwert führenden Arm ab. Rufus nutzte die Gelegenheit, dem überraschten Chatten den Todesstoss in die Brust zu versetzen. Das Blatt wendete sich langsam und die restlichen Chatten suchten nach und nach ihr Heil in der Flucht. Romulus ließ sie gewähren, er und der Rest seiner Männer waren im Moment nicht in der Lage, den Fliehenden nachzusetzen. Nach einem kurzen Überblick stellte er fest, dass die Hälfte seiner Männer im Kampf den Tod gefunden hatte. So hatte er sich nicht den Beginn des neuen Tages vorgestellt. Er kannte alle Toten zu gut und es schmerzte ihn, dass sie unter seinem Kommando den Tod gefunden hatten. Viele Frauen in Mogontiacum würden bei seiner Rückkehr in große Trauer fallen.

Nachdem ihre Toten bestattet waren, die toten Chatten ließen sie als Mahnung an Ort und Stelle liegen, gab Romulus den Befehl zum Aufbruch. Bei Rufus hatten sie mittlerweile den Pfeil entfernt und die Wunde versorgt. Trotz seiner Schmerzen hielt er sich tapfer und ritt mit den anderen wieder zurück Richtung Kastell, von wo sie heute Morgen aufgebrochen waren.

Lucius wurde kreidebleich, als er die dezimierte Truppe von Romulus durch das Tor hereinkommen sah. Nachdem er über die Vorgänge unterrichtet war, wurden seine Sorgen noch größer als erwartet. Viele waren verletzt, aber durch gute Pflege würden sie in einigen Tagen wieder einsatzbereit sein.

„Wir müssen uns einige Tage bei dir aufhalten", sprach Romulus, „wenn wir wieder unsere Kräfte gesammelt haben, reiten wir über den Grenzpfad zurück nach Mogontiacum. Vielleicht haben die Besatzungen der anliegenden Kastelle noch mehr zu berichten."

„Für deine Männer wird gut gesorgt, ich bekümmere mich persönlich um deren Wohlergehen", antwortete Lucius, „aber berichte dem Legaten, das wir hier am Rande des Grenzpfades noch eine Centurie mehr für die Absicherung brauchen." Romulus versicherte ihm, dass er den Wunsch nach Aufstockung dem Legaten mitteilen würde.

Nach einigen Tagen waren Romulus Männer dank der Kastellbesatzung wieder einsatzfähig und der Aufbruch war entschieden. Die Pferde von den im Kampf gefallenen Legionären ließen sie im Kastell zurück. Sie würden unterwegs nur hinderlich sein. Die erste Strecke ging wieder bergauf, bis sie den ersten Wachturm erreichten. Nach einem lauten Hallo der Besatzung berichteten diese, das sie vor mehreren Tagen den

Überfall auf das Kastell mit ansehen mussten. Sie fürchteten schon den Untergang der Besatzung und waren der Meinung, dass sie als nächste an die Reihe kämen. „Aber den Göttern sei Dank, eure Hilfe kam im letzten Moment", bemerkte anschließend einer der Turmbesatzung. Mit dem Hinweis, die Augen offen zu halten, ritt Romulus mit seiner Truppe weiter. Unterwegs wurde ihnen auch von anderen Wachturmbesatzungen berichtet, das hin und wieder Feinde in der Ferne zu sehen waren aber kein neuer Angriff stattgefunden habe. Auch das letzte Kastell auf ihrer Strecke berichtete Ähnliches und Romulus konnte nun dem Legaten einen aktuellen Bericht erstatten.

Bei ihrer Rückkehr nach Mogontiacum fand ein großes Heulen und Wehklagen statt. Viele Frauen samt ihren Kindern trauerten um ihre gefallenen Männer. Claudia war froh, ihren Rufus jetzt längere Zeit im Haus zu haben, seine Armverletzung musste vollständig ausheilen, damit er wieder dienstfähig war. Gelegentlich kam auch sein Freund Amilius vorbei um Rufus aufzumuntern. Flavia war überglücklich, dass Romulus keine Verletzungen davongetragen hatte. Da Marcus währen dessen seinen Dienst gelangweilt im Legionslager versehen hatte, brannte er neugierig auf den Bericht von Romulus. Dieser war im Moment bei Legat Quintus, um ihn über die Vorkommnisse in Kenntnis zu setzen. Nachdem dieser über die Lage informiert war, entschloss er sich, dass ab dem nächsten Tag drei Kohorten den gesamten Grenzpfad nochmals kontrollieren sollten, um etwaige Feinde zu auszumachen. Danach sollte dann eine Centurie im Kastell am Rhenus zur Verstärkung zurückbleiben.

Bevor Marcus nach Dienstschluss zu seiner Aurelia nach Hause ritt, suchte er Romulus auf, um sich über die Ereignisse der vergangenen Tage zu informieren.

„Gerne wäre ich bei dir gewesen“, sprach er abschließend zu seinem Freund, „vielleicht hätten wir dann auch noch die geflüchteten Feinde niedermachen können. Aber ich bin morgen mit meiner Centurie abkommandiert, wir werden das Grenzgebiet von den restlichen Chatten befreien.“

Nachdem ihm seine Freunde für das Vorhaben alles Gute wünschten, ritt Marcus mit gemischten Gefühlen nach Hause. Er musste Aurelia berichten, dass er für eine gefährliche Aufgabe eingeteilt wurde. Aber nach einer Woche kamen die ausgesandten Abteilungen schon zurück und Marcus berichtete dem Legat, das das Grenzgebiet nun von allen restlichen Feinden befreit sei. In den Wäldern an der Grenze waren sie auf ein paar spärlich kleine Truppen von Chatten gestoßen, die sie ohne eigene Verluste niedermachen konnten.

Mittlerweile war auch Romulus wieder Vater eines Sohnes geworden, sie gaben ihm den Namen Marcellus. Von nun an begann eine lange Zeit des Friedens in Obergermanien. Es gab keine feindlichen Überfälle mehr. Quintus ließ seine Legionäre mit dem weiteren Ausbau des Wegenetzes einsetzen und dem Bau von weiteren Steinhäusern in der angrenzenden Siedlung. Für die Freunde war es genauso anstrengend wie das Kämpfen, weil sie mit Bauen und Patrolliergängen jeden Tag beschäftigt waren. Dieser Alltag wurde eines Tages unterbrochen, als Artemis mit seiner Frau Sabina überraschend zu einem Besuch ankam. Sie wollten ihre mittlerweile vier Enkel sehen und ein paar Wochen hier verbringen. Ursus nahm sie mit Freuden auf und ihre gemeinsamen Enkel hatten ihren Spaß bei der täglichen Betreuung. Die beiden Alten waren seit einigen Jahren geschäftlich zusammen und berieten abends weitere Vorhaben für neue Geschäfte. Die Freunde genossen die familiären Zusammenkünfte und konnten sich dabei von ihrem militärischen Drill erholen

Eines Tages kam ein Bote aus Rom mit der Mitteilung, dass Kaiser Domitian ermordet wurde. Er starb durch einen Dolchangriff unter starker Gegenwehr, die Täter wurden noch vor Ort von den Wachen getötet. Sein Nachfolger sollte Senator Nerva werden. Von ihm war aber keine lange Regierungszeit zu erwarten, weil er schon sehr alt war. Außerdem hatte er eine gefährdete Position, da Domitian bei Armee und Volk ein hohes Ansehen genoss.

Einige Tage darauf wurde Romulus zu Quintus gerufen, der ihn mit einer neuen Aufgabe betraute. Er sollte den neu eingesetzten Legat von Colonia Agrippina aufsuchen, um mit diesem die Lage an der Rhenusgrenze zu besprechen. Immer wieder setzte eine kleine Truppe von Germanen mit einem Boot über den Fluss und verursachten mit ihren Raubzügen große Not unter der ansässigen Bevölkerung. Diesem Zustand musste ein Ende gesetzt werden. Romulus brach am nächsten Tag auf und nahm nach Absprache mit Quintus seine beiden Freunde mit. Am Nachmittag erreichten sie die römische Töpferei, die hatten sie vor längerer Zeit von der anderen Seite des Rhenus wahrgenommen. Damals waren sie bei der Verfolgung von Chatten durch diese Gegend gekommen. Sofort traten einige Bewohner der angrenzenden Siedlung an sie heran und der Wortführer berichtete, dass sie vor mehreren Tagen überfallen wurden: „Die feindlichen Krieger landeten mit ihrem Boot im Morgengrauen am Ufer und fielen über uns her. Einige von uns wurden sofort niedergemetzelt, im allgemeinen Durcheinander konnte sich der Rest von uns im Uferdickicht verstecken. Nachdem sich die Feinde alles Wertvolle angeeignet hatten, bestiegen sie grölend ihr Boot und ruderten auf die andere Seite zurück. Wir warteten noch eine geraume Zeit und trauten uns wieder zu unseren Häusern zurück. Einige brannten bis auf die Grundmauern nieder und dann stellten wir fest, dass sie auch fünf Frauen mitgenommen hatten. Diese werden wohl sicherlich irgendwo als Sklaven ihr Dasein fristen müssen." „Wir werden für die Zukunft die Rhenusgrenze mit Patrollien absichern", antwortete Romulus, „deshalb sind wir unterwegs, um diese Aufgabe vorzubereiten." „Das sind gute Nachrichten", meinte der Wortführer erleichtert, „wir hatten uns schon damit abgefunden, das alles hier aufzugeben, weil wir um unser Leben fürchteten."

Nachdem die Freunde den Bewohnern alles Gute für die Zukunft wünschten, ritten sie weiter Richtung Norden. „Ihr seht, es ist höchste Zeit, die Grenze zu sichern", meinte Romulus zu seinen Gefährten, „sonst werden die Überfälle kein Ende nehmen." In Gedanken versunken, ritten sie schweigend ihrem Ziel entgegen. Gegen Abend sahen sie schon von weitem die hohe Stadtmauer von Colonia Agrippina in der untergehenden Sonne glitzern. „Die Provinzhauptstadt von Niedergermanien sieht aus der Ferne wie ein gewaltiger Koloss aus", meinte Rufus, „ich hoffe, dass wir eine gute Taverne für ein prächtiges Abendessen finden." „Wir müssen uns zuerst zum Prätorium begeben, um dem Statthalter unsere Ankunft anzuzeigen", antwortete Romulus. Sie ließen sich von einer Stadttorwache den Weg erklären und erreichten zügig das Gebäude. Nachdem sie der dortigen Wache ihr Ansinnen mitteilten, wurden sie sogleich zum Statthalter durchgelassen. Als

Romulus die Tür öffnete, blieb er wie angewurzelt stehen. Er traute seinen Augen nicht, weil er in dem Statthalter einen alten Freund seines Vaters erkannte. Es war Trajan, der früher öfters auf ihrem Landgut in Pompeji verweilte, wenn er als damaliger Statthalter von Syrien auf dem Weg nach Rom war.

„Du bist doch der Sohn von Aulus", sprach Trajan überrascht, „es sind schon viele Jahre vergangen seit unserem letzten Treffen, aber du trägst unverkennbar die Gesichtszüge deines Vaters. Die Wachen kündigten dich als Romulus mit zwei Begleitern an, in dem Moment musste ich unwillkürlich an meine Besuche in Pompeji denken." „Ich dachte, die Götter würden einen Streich mit mir spielen, als ich dich erkannte", antwortete Romulus, „du wirst mich sicher als jungen Mann in Erinnerung haben, ich freue mich sehr, dich hier zu treffen." „Meine Freundschaft zu deinem Vater gilt dir natürlich auch, „sprach Trajan, „und hoffentlich verbringen wir in der Zukunft noch schöne Zeiten miteinander!" Nach der herzlichen Begrüßung erzählte Romulus ihm von dem Unglück, das seiner Familie widerfahren war und seinem Werdegang in der Legion.

Trajan hörte aufmerksam zu und war erleichtert, das Romulus seinen Weg gefunden hatte. „Es ist mittlerweile spät geworden, ich lade dich und deine Begleiter zum Abendessen ein und wir besprechen dann dabei deinen Auftrag, der dich zu mir führte." Erst gegen Mitternacht suchten die Freunde ihr zugewiesenes Nachtquartier auf und fielen satt und müde auf ihr Lager. Am nächsten Morgen brachen sie zeitig auf, um mit dem Ergebnis der Besprechung nach Mogontiacum zurückzukehren.

„Trajan ist auch der Meinung, das an der Rhenusgrenze tägliche Patrollien durchgeführt werden müssen“, berichtete Romulus seinem Legaten abends nach seiner Ankunft, „er machte den Vorschlag, das wir die Strecke bis zur Grenze von Ober- und Untergermanien schützen und er die andere Seite von Colonia Agrippina aus.“ „Das ist ein guter Vorschlag“, meinte Quintus, „deine Aufgabe wird es ab heute sein, diese Einsätze zu planen. Ich werde deinen Freund Rufus wegen guter Leistungen auch zum Centurio befördern, dann werdet ihr drei mit euren Centurien den Grenzschutz durchführen.“ „Danke Herr“, entgegnete Romulus, „du kannst dich auf uns verlassen.“

Romulus verabschiedete sich von Quintus und suchte umgehend seinen Freund Rufus auf, um ihm die gute Nachricht zu überbringen. Mit großer Freude nahm er seine Beförderung an und eilte zu seiner Frau, um ihr die neue Entwicklung zu berichten. Auch Marcus war über den Sonderauftrag in guter Stimmung, waren sie doch jetzt für eine lange Zeit mit einer gemeinsamen Aufgabe beschäftigt und konnten dadurch regelmäßig bei ihren Familien sein.

Die Tage und Monate gingen nur so dahin und die täglichen Kontrollen am Rhenus zeigten ihre Wirkung. Gelegentlich trafen sich die Truppen an der Grenze von Ober- und Untergermanien, um sich über die neuesten Feindbewegungen auszutauschen. Von hier aus war auch das [1]Kastell auf der anderen Flussseite zu erkennen, welches den Anfang der neu erbauten Grenzschneise darstellte. Es hatte schon viele Scharmützel gegeben, aber durch die Überzahl der Legionäre konnten die Feinde getötet oder in die Flucht geschlagen werden.

---

[1] Kleinkastell in Rheinbrohl

Nach mehreren Monaten wurde kein Feind mehr gesichtet, aber die Patrollien fanden zur Sicherheit weiter statt. Die Bewohner am Rhenus dankten ihren Beschützern, das friedliche Zusammenleben, die Produktion der landwirtschaft-lichen und materiellen Güter nahmen wieder zu.

Gelegentlich besuchte Romulus seinen Freund Trajan, um die aktuelle Lage zu besprechen. Eines Tages saßen sie wieder bei einem gemeinsamen Mahl zusammen, als ein Bote mit dringenden Nachrichten aus Rom Trajan zu sprechen wünschte. „Lasst den Boten zu mir kommen!", befahl er seinem Diener, „mal hören, welche Neuigkeiten er mir zu berichten hat." Zum Erstaunen der beiden Freunde trat der Überbringer erfurchtsvoll in den Raum und übergab Trajan mit einer Verbeugung eine Schriftrolle. „Jetzt bin ich aber neugierig", „meinte Trajan beim Öffnen der Rolle und wurde dann leichenblass, nachdem er die Zeilen gelesen hatte. Erregt sprang Romulus auf: „Bei den Göttern Trajan, was ist passiert, so fassungslos habe ich dich noch nie gesehen." Trajan stand nun auch auf, legte seine Hände auf die Schulter von Romulus und sagte nach mehreren langen Atemzügen leise: „Ich bin ab sofort der neue Imperator und Kaiser von Rom." „Bist du von allen guten Göttern verlassen oder ist unser römisches Reich in Not geraten", stammelte Romulus ängstlich auf die letzten Worte von Trajan.

„Da unser alter Kaiser Nerva kinderlos war", begann Trajan, „hat er mich letztes Jahr als Adoptivsohn angenommen und zum Statthalter von Untergermanien eingesetzt. Durch den Boten habe ich jetzt erfahren, dass unser Kaiser Nerva bei einer Privataudienz plötzlich einen Schlaganfall erlitten hat und in seiner Villa daran verstorben ist. Deshalb bin ich von nun an der rechtmäßige Kaiser des römischen Reiches."

Bestürzt setzte sich Romulus auf seinen Stuhl und schaute fragend zu Trajan, seinem zukünftigen Herrscher.

„Zwischen uns wird sich nichts ändern“, meinte Trajan, „du wirst weiterhin als mein Freund zur Seite stehen. Ich werde mir jetzt einige Tage Zeit nehmen, welche Aufgaben ich als erstes in die Hand nehmen werde. Reite zurück nach Mogontiacum und informiere Quintus über die neue Lage. Setze ihn auch in Kenntnis, dass du ab heute den Rang eines Tribuns führst und an meiner Seite bist, solange ich mich in Germanien aufhalte!“

Romulus traute seinen Ohren nicht, als er diese Worte hörte und sprang wieder erregt von seinem Stuhl auf. „Du wirst dich leider damit abfinden müssen“, sprach Trajan lächelnd weiter, „es wird nicht dein Schaden sein. In einer Woche solltest du wieder bei mir sein.“

Nachdem sich Romulus später dankend verabschiedete, ritt er nun mit dem Kopf voller Gedanken nach Mogontiacum. Was würden Quintus und die Seinen zu der neuen Entwicklung sagen?

Angekommen, suchte er zuerst Quintus in seinem Prätorium auf und berichtete ihm von dem neuesten Stand der Entwicklungen. Dieser war sehr überrascht über die Vorgänge und beglückwünschte ihn über die Erhebung zum Tribun.

„Natürlich stelle ich dich frei von deiner Aufgabe hier im Kastell, damit du dem neuen Kaiser zur Seite stehen kannst“, war sein Kommentar, „ich hoffe, das deine Familie nicht während deinen Abwesenheit leiden muss. Du wirst sicher viel unterwegs sein.“ „Das ist meine einzigste Sorge“, meinte Romulus, „ich muss es meiner Flavia schonend beibringen.“

Eilends suchte er sein Zuhause auf und begrüßte Flavia und seine beiden Söhne herzlich. Dann klärte er seine Frau über die letzten Ereignisse auf. Flavia weinte, weil sie ihren Liebsten jetzt selten sehen würde. Romulus versicherte ihr, dass er jede Gelegenheit nutzen würde, um seine Familie aufzusuchen. Seine Freunde waren begeistert, dass er von nun an ein ständiger Begleiter des neuen Kaisers sein würde. Am letzten Abend, bevor Romulus nach Colonia Agrippina aufbrach, lud er seine Freunde mit Familien zum Abendessen ein. „Ich werde euch alle sehr vermissen", begann Romulus während des Essens, „aber unser neuer Kaiser legt Wert auf meine Anwesenheit, er wird sicher in Germanien einiges verändern. Da ich schon viele Jahre meinen Dienst in diesem Land verbringe, wird er auf meinen Rat zurückgreifen." Schluchzend legte daraufhin Flavia ihren Arm auf Romulus, „Bitte denke an deine Sicherheit, unsere Söhne und ich möchten dich nicht durch einen Kampf verlieren!" Auch seinen Freunden war der Kummer wegen seiner neuen Aufgabe anzusehen. Er versprach allen, Vorsicht walten zu lassen und sich regelmäßig zu melden.

Gegen Nachmittag am nächsten Tag kam Romulus in Colonia Agrippina an und wurde gleich zu Trajan vorgelassen. Dieser saß im Prätorium über Schriftrollen gebeugt und bat ihn, auch Platz zu nehmen.

„Ich habe die Tage genutzt", begann Trajan, „um meine nächsten Ziele in die Tat umzusetzen. Wir werden zuerst eine Inspektionsreise durch Germanien durchführen, damit ich vor allem die Sicherung des Friedens an unserer Nordgrenze festigen kann. Auch die Strassen, die für unser Militär von großer Bedeutung sind, müssen kontrolliert und weiter ausgebaut werden. Für diese Reise forderte ich die Prätorianer aus Rom an, die uns zur Sicherheit begleiten. Den Prätorianerpräfekten Aelianus und einige seiner Mitläufer lasse ich hinrichten, diese waren Widersacher gegen Nerva und auch gegen mich. Der Rest wird mir treu zur Seite stehen hoffe ich.“ „Da ich die Strassen und Kastelle schon durch meine Reisen gut kenne“, meinte Romulus, „kann ich dir eine gute Hilfe sein.“

Die Ankunft der Prätorianer wurde in zwei Tagen erwartet, deshalb begab sich der Kaiser mit seinem Gefolge am nächsten Tag in Richtung Vetera.

Der Februar schien dieses Jahr nicht besonders kalt zu werden, die Morgensonne schickte bereits ihre ersten Strahlen zur Erde. Überall glitzerte der Morgenreif den Reitern entgegen und sorgte dadurch für eine gute Laune. Sie durchritten die weiten Auen am Rhenus und passierten immer wieder kleine Siedlungen und vereinzelnd liegende Gutshöfe. Ab und zu begegneten ihnen reisende Händler auf der gut ausgebauten Strasse, die zu ihren Kunden unterwegs waren. Durch die Präsenz der Grenztruppen fühlten sich die Menschen in dieser Region in Sicherheit.

Romulus ritt neben seinem Kaiser und sah ihn gelegentlich von der Seite an. „Ich sehe, dass dir eine Frage auf den Lippen brennt“, begann Trajan, „hab keine Furcht und stell deine Fragen, auch als Kaiser bin ich noch dein Freund.“

„Ich bin mir nicht sicher, wie ich dich von nun an ansprechen soll“, meinte Romulus, „unsere Rollen haben sich verändert.“

„Sprich mich wie alle anderen mit Herr an, ansonsten wird sich nichts zwischen uns ändern!“

„Ich bin erleichtert über deine Antwort“, „erwiderte Romulus, „wie sind denn deine weiteren Entscheidungen ausgefallen?“

„Zunächst werde ich die Sicherung unserer Nordgrenze veranlassen und mir die Gefolgschaft der Grenztruppen sichern. Zugleich muss ich unser Reich auch gegen den Osten absichern, womit ich dich zu gegebener Zeit beauftragen werde. Auch aus dieser Region berichteten mir die Boten von germanischen Überfällen. Dort soll zuerst eine Schneise mit einem Postenweg hergestellt werden und anschließend mit Wachtürmen bebaut werden. Du hast ja schon Erfahrungen in dieser Richtung gesammelt durch deinen Dienst in Mogontiacum."

„Ich danke dir für dein Vertrauen", bemerkte Romulus, „ich werde dich nicht enttäuschen."

Am Abend erreichten sie Vetera und Trajan besprach mit Kommandant Livius das weitere Vorgehen gemäß seinen Wünschen.

Nach zwei Tagen traf der Kaiser mit seinem Gefolge wieder in Colonia Agrippina ein und ließ die mittlerweile eingetroffenen Prätorianer auf dem Paradeplatz Aufstellung nehmen. Ehrerbietig standen sie nun vor ihrem neuen Kaiser und Befehlshaber um seine Befehle in Empfang zu nehmen.

„Ich weiß, dass einige von euch meinem Ziehvater Nerva und mir nach dem Leben getrachtet haben, deshalb verurteile ich diejenigen am heutigen Tag zum Tode durch das Schwert", begann er mit seiner Rede. Ein allgemeines Raunen zog über den Platz und jeder sah, dass einige Prätorianer und der Präfekt leichenblass wurden. Trajan ließ seine Worte eine Zeitlang nachwirken, eine unheimliche Stille legte sich über den Platz, dann befahl er dem Präfekten und den zehn namentlich bekannten Prätorianer hervorzutreten. Mit dem Wissen, unausweichlich ihren Tod zu verhindern, traten sie stolz nach vorne, um ihr Schicksal in Empfang zu nehmen. Sie mussten sich hinknien und bekamen von den Wachsoldaten je einen Schwertstoß, der durch den Nacken bis zum Herz geführt wurde.

„So werde ich mit jedem verfahren, der mich hintergeht“, sprach Trajan weiter nach der Hinrichtung, „die Verräter haben ihre Strafe erhalten, nun brauche ich einen neuen Präfekten. Der Prätorianer Saburano hat mir seine Treue erwiesen, indem er mir die Namen der Abtrünnigen mitteilte, deshalb wird er von mir zum neuen Prätorianerpräfekten erhoben. Mein Ziel ist jetzt, das römische Reich zu stärken und meinen Untertanen ein guter Kaiser zu sein.“ Ein zustimmendes Gemurmel erfüllte den Paradeplatz, dann wurde Romulus von Trajan aufgefordert, ihm zu folgen.

Bau des Odenwaldlimes

Im Prätorium angekommen, erklärte Trajan nun sein Vorhaben: „Die Prätorianer werden mich auf meiner Inspektionsreise zu meiner Sicherheit begleiten, du hast jetzt, wie schon besprochen, die Aufgabe, die Grenze gegen den Osten zu sichern. In dem Bereich, wo der Moenus seinen Verlauf Richtung Osten führt, soll die Grenze schnurgerade nach Süden weiterführen!"

„Für diese Aufgabe brauche ich Landvermesser und einige Kohorten für die Absicherung und den Grenzbau, Trajan."

„Ich gebe dir zwei gute Vermesser mit und die nötigen Kohorten suchst du dir in Mogontiacum aus. Teile mein Vorhaben Quintus mit und grüße ihn von mir. Bevor ich nach Rom zurückkehre, werde ich dich aufsuchen und mich nach dem Fortschritt deiner Arbeit erkundigen."

„Ich danke dir für dein Vertrauen und breche sofort auf", erwiderte Romulus. Nachdem sich die beiden freundschaftlich verabschiedet hatten, sattelte Romulus sein Pferd und wartete auf die Vermesser. Nach einiger Zeit tauchten sie mit ihren Pferden auf und Romulus gab das Zeichen zum Aufbruch.

Da zu dieser Jahreszeit schon früh die Nacht anbrach, erreichten die Reiter rechtzeitig das Steinkastell Rigomagus und fanden gleich eine [1]Mansio. Der Wirt konnte ihnen Schlafplätze und ein gutes Abendessen anbieten. Nach den Aufregungen der letzten Tage saß Romulus mit seinen Begleitern am Tisch bei einer guten Mahlzeit. Es gab geröstetes Lammfleisch und Bohnen mit reichlich [2]Garum gewürzt. Dazu tranken sie

---

[1] römische Herberge

[2] Standartgewürz der römischen Küche

einige Gläser Mulsum, der das schmackhafte Essen abrundete. Romulus, von Natur aus neugierig, fragte die beiden Vermesser Spurius und Callistus während des Essens: „Wie schafft ihr es, eine Grenzschneise geradlinig in die Landschaft zu bringen, man sieht fast kaum eine Abweichung?“

„Wir benutzen dazu ein Messgerät, ein so genanntes Groma“, antwortete Spurius, „es wird von uns beiden bedient und zusätzlich drei Männer müssen dann nach unseren Anweisungen die Stäbe in den Bereich der Erde stecken, die wir angeben. Deshalb musst du uns auch drei Legionäre zur Verfügung stellen, die diese Arbeit verrichten.“

„Das ist kein Problem“, meinte Romulus, „ich stelle euch alles für eure Arbeit zur Verfügung.“

Früh am Morgen des nächsten Tages sahen die Wachsoldaten drei Reiter am Tor, die eiligst ihre Reise wieder aufnahmen. Romulus trieb zur Eile an, denn er hatte noch vieles vorzubereiten. In Mogontiacum war sein erster Weg zu Quintus, um mit ihm den Auftrag von Trajan zu besprechen. Dieser ließ ihm freie Hand und Romulus entschied sich, Silvanus und Firminus mit ihren Kohorten mitzunehmen. Außerdem brauchte er Rufus und Marcus mit ihren Centurien für die Absicherung der Grenzarbeiten. Rufus hatte mittlerweile seinen Freund Amilius in seiner Centurie aufgenommen. Für die Vorbereitungen nahm sich Romulus drei Tage vor, um dann abzurücken. Der Legat war mit allem einverstanden und Romulus machte sich auf den Weg zu seiner Familie. Für die Vermesser hatte er mittlerweile eine Unterkunft im Lager besorgt.

Zu Hause angekommen, war die Überraschung groß. Seine Freunde mit Familie waren zu Besuch, Flavia hatte sie nämlich zum Essen eingeladen. Zuerst begrüßte er seine Söhne und dann nahm er seine Frau in die Arme und küsste sie zärtlich. Marcus und Rufus blickten ihn mit fragenden Augen an, sie ahnten, dass etwas Neues auf sie zukommen würde. Während des Mahls erklärte Romulus seinen Freunden die Situation. Danach sprach er weiter: „Unsere Aufgabe ist es nun, die marodierenden Stämme der Hermunduren, Turonen und Markomanni durch unsere neue Grenze davon abzuhalten, immer wieder in unser Gebiet einzufallen um ihre Raubzüge durchzuführen.“ „Welche Aufgabe teilst du mir und Rufus zu?“, fragte Marcus anschließend. „Euch brauche ich für die Absicherung und die Kohorten werden die Arbeiten durchführen.“ „Endlich ist das langweilige Lagerleben vorbei“, meinte Rufus, „wir werden dir treu zur Seite stehen.“ Sie saßen noch bis spät in die Nacht zusammen und unterhielten sich über ihr bisheriges Leben.

Am dritten Tag waren die Vorbereitungen abgeschlossen, fünf Maultiere trugen die Schanzwerkzeuge und Romulus gab den Befehl zum Aufbruch. Die Bewohner von Mogontiacum sahen am späten Vormittag über eintausend Legionäre über die Rhenusbrücke Richtung Moenus ziehen. Romulus, die beiden Kohortenführer und die zwei Centurien führten mit ihren Pferden die Spitze an, die restlichen Legionäre marschierten in Formation hinterher. Die beiden Landvermesser bildeten mit ihren Pferden den Abschluss.

Der kommende Frühling kündigte sich an, der Vormittag war schon ungewöhnlich warm und das erste Grün zeigte sich in der Natur. Ein Unbeteiligter würde schon von weitem das Glitzern der Legionärsrüstungen wahrnehmen, die sich in der Sonne spiegelten. Ihr Weg führte sie an mehreren Erdkastellen, kleinen Siedlungen und vereinzelnd stehenden Gutshöfen vorbei. Überall grüßten die Menschen und gelegentlich zeigten sie ihren Dank, weil sie in Sicherheit ihr Leben führen konnten.

Am späten Nachmittag erreichte Romulus die Stelle, wo der Moenus in einem weiten Bogen nach Osten umschwenkte. Er gab den Befehl, ein Lager zu errichten, um ab hier mit der Grenzschneise Richtung Süden zu beginnen. „Das Lager muss mit Schanzen gesichert sein, hier werden wir uns für einige Zeit aufhalten müssen. Morgen früh erkundigen wir den ersten Teil der Strecke“, teilte Romulus seinen Offizieren mit, „die beiden Landvermesser und Marcus wird uns mit seiner Centurie als Sicherheit begleiten. Rufus, du wirst auch mit aufbrechen und mit deinen Männern sechzig Meilen gen Süden reiten, um in der Gegend nach möglichen Feinden Ausschau halten!“

„Da kommt viel Arbeit auf uns zu“, meinte Spurius am nächsten Morgen nach der Erkundung, „viele Bäume müssen gefällt werden, um eine gerade Schneise herzustellen. Mit diesem Holz müssen wir noch Wachtürme errichten, die in Sichtweite zueinander stehen müssen.“

„Dafür haben wir über eintausend Legionäre dabei, die sind außer dem Kampf auch das Schanzen und Bauen gewöhnt“, antwortete Romulus.

Der Wald hallte wider von den Axtschlägen der Legionäre, eine kleine Strecke war schon bearbeitet und Romulus war zufrieden mit dem Ergebnis. Marcus sicherte mit seinen Leuten die Umgebung ab, trotz dem lauten Krach war kein Feind in Sichtweite.

Rufus lagerte am zweiten Abend auf einer Waldlichtung, bis jetzt waren sie außer den Tieren des Waldes noch niemandem begegnet. Zur Sicherheit ließ er kein Lagerfeuer machen, man konnte nie wissen, wen sie damit anlocken würden. Die abendliche Ruhe wurde gestört, als sie in der Ferne das Trappeln von Pferdehufen hörten. Die Geräusche kamen immer näher und Rufus gab den Befehl, unter den ersten Bäumen in Deckung zu gehen. So langsam schälte sich aus der Dämmerung eine Horde Germanen heraus, die sicher von einem Beutezug zurückkamen. Sich in Sicherheit wiegend, ritten sie laut schwatzend an ihnen vorbei und Rufus erkannte die Gelegenheit, sich mit einigen Männern nachzuschleichen. Vielleicht konnte er ja einiges in Erfahrung bringen. Nach einer Weile fand die Horde einen Platz zum Nachtlager. Dieses befand sich am Waldrand auf einem Plateau. Rufus konnte unbemerkt auf allen vieren bis zu den ersten Bäumen kriechen und beobachtete das Treiben. Er zählte ungefähr fünfzig Krieger, die jetzt ein Lagerfeuer errichteten und dazu gedörrtes Fleisch zu sich nahmen. Außerdem gewahrte er zwei Maultiere, die gut bepackt waren. Aus einer Packtasche war noch der Rand einer verzierten Goldkanne zu sehen, seine Vermutung hatte sich also bestätigt. Er lauschte jetzt den Gesprächen, konnte aber den Wortlaut nicht verstehen, die Sprache war ihm fremd. Er hörte nur, dass der Anführer immer wieder mit Brandolf angesprochen wurde und auch der Name Lopodunum fiel. Er fasste den Entschluss, in der Nacht die Feinde anzugreifen, dann war der Überraschungsmoment auf seiner Seite und ein Sieg wäre sicher. Geräuschlos zog er sich zurück und informierte seine Männer über den bevorstehenden Kampf.

Trotz ihrer Sorglosigkeit ließ Brandolf zwei Wachen aufstellen die je an einem Baum lehnten und schläfrig in die Ferne schauten. Deshalb bemerkten die beiden nicht, wie Rufus mit seinen Männern kriechend näher kam. Doch die Nacht war wolkenlos und dadurch konnten sie schneller entdeckt werden.

Rufus und der Legionär Amilius schlichen sich hinter die beiden Wachen und schnitten ihnen geräuschlos die Kehle durch. Leise ließen sie die Toten ins Gras gleiten, damit keiner der Schlafenden geweckt würde. Die Pferde der Germanen waren in der Nähe angeleint und begannen unruhig zu schnauben. Jetzt musste Rufus schnell handeln. Nach seinem kurzen Zuruf wie vereinbart, stürzten sich die Legionäre mit erhobenen Schwertern auf die schlafenden Feinde.

Das Überraschungsmoment kam Rufus zur Hilfe, aber die Germanen waren durch ihre jahrelangen Kriegszüge ein starker Gegner. Wie vom Blitz getroffen, griffen sie nach ihren Speeren und Schwertern und wehrten sich mit aller Kraft gegen Rufus Männer. Durch die Übermacht fiel aber ein Großteil der Germanen den römischen Schwertern zum Opfer, nur einigen gelang es, in dem Durcheinander mit einem Pferd zu fliehen. Darunter war auch Brandolf zu erkennen, der hasserfüllt einige Worte zurückrief. Rufus erkannte, dass eine Verfolgung in der Dunkelheit nicht möglich war und sammelte seine Männer für eine Lagebesprechung.

„Ein Großteil der Horde haben jetzt ihren Raubzug mit dem Leben bezahlt“, sprach Rufus zu seinen Männern, „wir lassen die Toten als Mahnung hier liegen. Wie ich sehe, sind nur einige von uns leicht verletzt. Wir suchen morgen früh die weitere Umgebung ab und reiten danach zurück, um Romulus zu berichten. Da ich gestern Abend das Wort Lopodunum von den Feinden gehört habe, diese Siedlung liegt etwa dreißig Meilen von hier, ist es wichtig, hier eine Grenzschneise zu haben. Diese Erkenntnis wird Romulus in seinem Vorhaben bestätigen." Die Legionäre stimmten der Ausführung von Rufus zu und suchten wieder ihr Nachtlager auf. Die Maultiere und die restlichen Pferde nahmen sie mit.

Am nächsten Morgen brachen sie auf und ritten weiter Richtung Süden. Die Landschaft wurde unterbrochen von kleinen Tälern und Hügeln, hin und wieder mit größeren Waldstücken. Ideale Verstecke für die Germanen auf ihren Raubzügen. Gegen Nachmittag sahen sie in der Ferne eine Rauchsäule aufsteigen. Rufus trieb zur Eile an, vielleicht waren Menschen in Gefahr. Als sie näher kamen, gewahrte Romulus am Horizont einige Gebäude, es konnte nur eine Siedlung sein. Jetzt war auch der [1]Nicarus zu sehen und an diesem Fluss befand sich die Siedlung. Den Rauch, den sie von weitem entdeckt hatten, stieg aus einem Brennofen für Dachziegel in den blauen Himmel. Neben der Siedlung lag ein Erdkastell, welches mit einer berittenen Kohorte besetzt war. Die Wachen hatten schon Alarm gegeben, weil sich eine große Truppe von Reitern näherte. Als sie die ankommenden Römer erkannten, ritten ihnen zwei Legionäre der Kastellbesatzung entgegen und geleiteten sie durch das Tor zu Gaius, dem Kohortenführer.

„Wir kommen mit guten Absichten", stellte sich Rufus vor und erklärte Gaius seinen Auftrag und den Bericht über die neue Grenzschneise.

„Den Göttern sei Dank", beschrieb er dann seine Situation, „wir sind hier abkommandiert, um die Strasse von [2]Lopodunum bis [3]Portus zu überwachen aber ein gewisser Brandolf

---

[1] der Fluss Neckar

[2] Ladenburg

[3] Pforzheim

macht uns das Leben schwer. Er ist der Anführer der [1]Turonen und diese fallen immer wieder wie aus dem Nichts über unser Gebiet her. Wir haben durch Gefangene erfahren, dass sie irgendwo am Moenus eine größere Siedlung haben und wir einen Teil ihres Gebietes besetzten."

„Dann war das ja eine gute Entscheidung unseres neuen Kaisers", meinte Rufus, „das wir auch hier unser Reich gegen den Osten absichern."

Als er Gaius die abgenommene Beute der Turonen zeigte, wurde dieser plötzlich leichenblass. „Oh weh!", seufzte Gaius, „das hier ist der verzierte Goldbecher meines Bruders Magnus, der in der Nähe von Lopodunum einen Gutshof besitzt. Den habe ich ihm damals zu seiner Hochzeit geschenkt. Hoffentlich lebt er noch, in den nächsten Tagen muss ich mir Gewissheit verschaffen."

„Tut mir leid", sagte Rufus mitfühlend, „ich hatte nicht vor, dir schlechte Nachrichten zu überbringen."

Nach einem gemeinsamen Abendessen bekamen Rufus und seine Männer ein Nachtlager zugewiesen und der Tag endete für viele mit unterschiedlichen Gefühlen.

Rufus trieb am nächsten Morgen zur Eile an, wollte er doch so schnell wie möglich seinen Bericht bei Romulus abliefern. Er schätzte, dass sie für ihre Rückkehr mindestens zwei Tage benötigen würden.

Romulus saß vor seinem Zelt und studierte eine von Callistus angefangene Karte, die den neuen Grenzverlauf darstellte. Er konnte schon erkennen, wie die Grenze ab der Flussbiegung

---

[1] Kelten, die am oberen Main siedelten

Richtung Süden verlief. In fünf Tagen war eine Strecke von einer Meile und einem Wachturm hergestellt worden. Da er über die ungefähre Länge von über sechzig Meilen informiert war, rechnete er bis zum nächsten Winter für die Fertigstellung. Die Karte zeigte ihm das Gebiet bis zu der Siedlung [1]Cornelia, wo auch ein Erdkastell stationiert war.

Er schreckte auf, als er laut seinen Namen rufen hörte. „Romulus, Romulus!", vernahm er die Stimme von Rufus, „ich bringe dir viele Neuigkeiten mit. Wir müssen einiges in die Wege leiten." Als er seinen Freund erreichte, stieg er von seinem Pferd und setzte sich neben ihn.

„Laut deinem Bericht zu urteilen, liegen wir richtig", meinte Romulus nach den Ausführungen seines Freundes, „die Siedlung der Turonen müssen wir finden und dem Erdboden gleich machen. Dieser Stamm wird die Härte unseres römischen Reiches spüren. Sobald die Vorbereitungen abgeschlossen sind, ziehen wir los." Er sendete noch am gleichen Tag einen Boten nach Mogontiacum, um von Quintus fünf Kohorten für die Vertreibung der Turonen zu bekommen. Den vollständigen Bericht trug der Bote in seiner Satteltasche.

Quintus las die Nachricht, die ihm Romulus hatte zukommen lassen. Da er durch den Aufstand von Sarturnius vor zehn Jahren nur noch über eine Legion in Mogontiacum verfügte, wäre durch den Vorschlag von Romulus nur noch die Hälfte seiner Besatzung im Lager. Aber im Moment herrschte Frieden in der Umgebung und die Vernichtung der Turonen war dringend erforderlich. Deshalb sandte er Romulus die angeforderten fünf Kohorten unter der Führung von Tribun Octavianus.

---

[1] Siedlung bei Bad Wimpfen

Zwei Tage später kam die Verstärkung bei Romulus an. Er setzte sich gleich mit Octavianus an einen Tisch und sie studierten die neu angelegte Karte der Landvermesser.

„Wir wissen, wo der Moenus ungefähr im Osten verläuft“, begann Romulus, „aber eine Suche nach der Turonensiedlung wird schwierig sein.“

„Ich schlage vor“, meinte Octavianus, „dass wir zwei Spähtrupps von hier aus auf beiden Seiten des Moenus Richtung Osten aussenden und die fünf Kohorten unter meiner Führung auf Abstand folgen.“

„Das ist ein guter Vorschlag“, äußerte sich Romulus, „den Spähtrupp lasse ich von Marcus mit seiner Centurie durchführen, den Rest der Männer brauche ich hier für den Bau und Sicherung der Grenzarbeiten.“

Beide Tribune waren zufrieden mit ihrer Strategie, am Morgen des nächsten Tages sollte der Aufbruch stattfinden. Am Abend saß Romulus mit Marcus am Lagerfeuer, um einiges zu besprechen.

„Du wirst deine Centurie in zwei Gruppen teilen und dem Moenus auf beiden Seiten folgen. Achte auf jede Veränderung im Gelände, die auf Siedlungen oder sonstige Behausungen hinweisen. Bemüht euch, unsichtbar zu bleiben, damit der Feind keinen Verdacht schöpft. Octavianus wird euch kampfbereit in einem angemessenen Abstand folgen!“

„Wir haben schon eine große Anzahl an Kämpfen ausgefochten“, meinte Marcus, „du kannst dich auf meine Erfahrung verlassen.“ Mittlerweile war auch Rufus dazugekommen und die Freunde unterhielten sich bis zur Nachtruhe über ihre abwechslungsreiche Vergangenheit.

Marcus ließ seine Männer in breiter Front links und rechts des Flusses vorwärts pirschen. Er hatte ihnen eingeschärft, sich keiner Menschenseele zu zeigen. Sobald sie auf eine große Siedlung stoßen würden, sollten sie ihn umgehend informieren. Er selbst war natürlich in vorderster Front, um schnell zu reagieren. Der nahende Frühling und das sonnige Wetter brachte den Männer eine gute Laune und Marcus musste sie gelegentlich auf den Ernst der Sache hinweisen. Hin und wieder umgingen sie kleine Höfe und Fischer, die am Fluss ihre Netze ausbreiteten.

Am Ende des dritten Tages gewahrte Marcus an einer großen Flussbiegung eine [1]befestigte Siedlung mit vertrauten Gebäuden. Er fuhr sich über seine Augen und zweifelte an seinem Verstand. Wie konnte das sein, hier in der Wildnis römische Bauten zu finden? Sofort ließ er alle in Deckung gehen und sendete einen Boten zu Octavianus. Als dieser in der Dämmerung ankam und noch einige Konturen der Siedlung erkannte, hellte sich plötzlich sein Gesicht auf.

„Ich erinnere mich", sprach er an Marcus gewandt, „vor vielen Jahren erzählte mir Quintus von dem Bau eines Legionslagers hier in der Wildnis, welches wegen großflächigen Eroberungen Germaniens geplant war. Aber durch unsere Niederlage in der Varusschlacht wurde diese Expansionspolitik aufgegeben und das römische Reich zog sich in die heutigen Grenzen zurück. Die aufgegebenen Bauten haben die Turonen sicherlich erweitert und sich eine große, befestigte Siedlung erschaffen."

„Unsere Männer sollten geräuschlos in einem geschützten Bereich ein Lager aufschlagen und wir beide schleichen uns

[1] aufgegebenes Kastell in Marktbreit siehe Seite 215

in der Dunkelheit zum Lager der Turonen“, meinte Marcus. „Dein Vorschlag könnte auch der meinige sein, so machen wir es“, antwortete Octavianus.

Es war eine sternenklare Nacht und dieser Umstand erschwerte das Anschleichen der beiden Männer. Jede Deckung ausnutzend, kamen sie immer näher an die Siedlung. Anstatt einer Steinmauer fanden sie noch die alte Holzpalisade vor, die Arbeiten für eine Steinbefestigung waren den Turonen wohl zu mühselig gewesen. Dieser Umstand sollte sich für die Bewohner ungünstig auswirken. Endlich unbemerkt angekommen, lugten die beiden zwischen den Stämmen hindurch und sahen die befestigten Häuser, die sie von weitem schon erkannt hatten. Die Turonen hatten die Hinterlassenschaft der Römer einfach in Besitz genommen. Es war natürlich einfacher als eine neue Siedlung mit Holzhäusern aufzubauen. Die Beiden sahen wenig Wachen patrollieren, der Feind fühlte sich hier ziemlich sicher. Plötzlich wurde eine Tür aufgestoßen und einige Männer stürmten laut grölend ins Freie. Sie hatten wohl zu viel Cervisia, ein germanisches Bier getrunken und waren dementsprechend in guter Laune. „Hey Brandolf“, rief einer von ihnen, „wann reiten wir wieder zu den Römern, um sie zu berauben und ihre Köpfe einzuschlagen?“ „In den nächsten Tagen brechen wir auf, ich will auch noch Rache für unsere toten Krieger nehmen“, lallte er zurück, „außerdem hat man uns die letzte Beute abgenommen.“

Marcus und Octavianus hatten genug gehört, es war Zeit, den Turonen eine Lektion zu erteilen. Leise traten sie ihren Rückzug an und erreichten ihre Männer im Morgengrauen.

Octavianus bat gegen Mittag die beiden Kohortenführer und Marcus zu ihm zu kommen, er wollte den Schlachtplan für den Überfall besprechen. „Ich schlage vor“, meinte er dann, „in der kommenden Nacht könnten wir zuschlagen. Silvanus stellt die Männer ab, um die Wachen beseitigen. Einige von Firminus Legionären sorgen dafür, dass die Palisaden in Brand geraten. Der Rest unserer Männer muss sich an den Toren bereithalten, um über die vom Brand auf geschreckten Turonen herzufallen. Ich schätze durch die Größe der Siedlung, das wir es mit annähernd siebenhundert feindliche Krieger zu tun haben und die gleiche Anzahl von Alten, Weibern und Kindern. Das bedeutet, dass auf einen feindlichen Krieger drei von unseren Legionären stoßen. Ich denke, das Verhältnis steht zu unseren Gunsten.“

„Das ist ein guter Vorschlag“, bemerkte Marcus, „aber der Plan kann nur gelingen, wenn wir uns unbemerkt anschleichen können.“ „Deshalb müssen die Kohortenführer ihre Legionäre zur äußerten Vorsicht mahnen, das gleiche werde ich auch meiner Kohorte mitteilen“, antwortete der Tribun.

Die Zeit des Angriffs brach an und das Glück war auf der Seite der Römer. Der Himmel war ziemlich bewölkt, dieser Zustand nahm den Sternen ihre Helligkeit für die Nacht. Das Zirpen der Grillen und die gelegentlichen Laute der Nachttiere war das einzige, was man hören konnte. Keiner vernahm das Ranpirschen der Römer, der jahrelange Drill machte sich in diesem Moment bemerkbar. Die Wachen ereilte das angekündigte Schicksal, sie starben lautlos durch einen Schnitt in die Kehle. Indem sie lautlos auf den Boden sanken, waren ihre Augen schon gebrochen.

Als die Holzpalisade an vielen Stellen aufloderte, sprangen die Feinde, halbnackt aus dem Schlaf gerissen, ins Freie, nur mit ihren Schwertern bewaffnet. Octavianus hatte den

Legionären befohlen, sich in der ganzen Siedlung zu verteilen, dadurch kam es zu einem regelrechten Häuserkampf. Die Schlacht tobte lautstark in der ganzen Siedlung, aber die Überzahl der Römer machte sich bemerkbar.

Marcus kämpfte in einiger Entfernung vor einem der beiden Einlasstore mit einem jungen und kampferprobten Germanen. Sie kreuzten behänd ihre Schwerter und jeder versuchte, die Schwachstelle des anderen zu finden. Marcus sah plötzlich eine Lücke bei seinem Gegner und stieß ihm sein Schwert in den Unterleib. Tödlich getroffen sank dieser zu Boden, im gleichen Moment kam ein großer Hüne mit breiten Schultern und langen Haaren auf ihn zu. Marcus erkannte in ihm den Anführer Brandolf, der mit einem grimmigen Gesichtsausdruck zum Schlag ausholte. Im letzten Moment sprang er zur Seite und spürte den Luftzug an seinem Ohr vorbeizischen. Schnell parierte Marcus die nächsten Schläge des Angreifers und stellte erschrocken fest, dass er auf Dauer den kräftigen Hieben nicht gewachsen war. In seiner Ohnmacht sah er sich schon im Elysium, als Silvanus ihm mit mehreren Legionären zu Hilfe eilte. Dieser hatte die missliche Lage von Marcus aus den Augenwinkeln erkannt und sprang mit seinen Männern dazwischen. Ein Legionär verkannte die Situation und wurde von Brandolf sofort mit einem schnellen Schwerthieb in den Hals getötet. Sein Kopf flog bis zur brennenden Palisadenwand und verschwand in der Feuerbrunst. Nun hieben die Retter von Marcus gemeinsam auf den Hünen ein, trotz seiner Gegenwehr fiel er nach einiger Zeit durch mehrere Schwerthiebe in Brust und Unterleib tödlich verletzt zu Boden. In diesem Moment ertönte lautstark eine germanische Lure und die noch kämpfenden Turonen hielten in ihrem Verteidigungskampf inne. Octavianus bemerkte die Reaktion der Feinde und ließ seinerseits von einem Trompeter die Buccina erschallen. Sofort wurden alle Kampfhandlungen eingestellt und Octavianus eilte auf den großen Vorplatz des ehemaligen Prätoriums.

Da kam ihm ein junger Turone entgegen und erhob das Wort „Ich bin Ulf, der Bruder von Brandolf und jetzt nach seinem Tod der neue Anführer. Es ist genug an Blut geflossen, ich möchte mit euch Römern eine Vereinbarung treffen, die uns den Frieden bringen soll! Schon von Kindheit an habe ich eure Bauten bewundert in denen wir hier leben. Gerne will ich meinem Volk eure Lebensart beibringen die viel zu bieten hat. Die Raubzüge meines Bruders habe ich nie gut geheißen."

Octavianus dachte lange über diese Worte nach und sprach anschließend: „Ich werde deinen Vorschlag mit meinem Legat in Mogontiacum besprechen, zur Sicherheit solltest du daran teilnehmen. Aber wenn noch einmal ein Raubzug deines Volkes stattfindet, werden wir hier alles niedermachen und jeden töten, ob Mann, Weib oder Kind."

„Das ist euer gutes Recht", antwortete Ulf, „aber ich bürge für mein Versprechen und gebe euch zur Sicherheit meinen ältesten Sohn Ragin mit."

Zufrieden mit dem Ergebnis zog Octavianus am nächsten Tag Richtung Mogontiacum. Unterwegs wollte er noch Romulus aufsuchen, um ihn über die neuesten Ereignisse zu informieren. Er sah es als ein gutes Omen, im Osten jetzt einen verbündeten Stamm zu haben. Aber die beiden Stämme der Hermunduren und Markomanni aus den östlichen Gebieten waren immer noch als eine bedrohliche Gefahr anzusehen.

„Das ist ja gut gelaufen", meinte Romulus nach der Schilderung von Octavianus, „dann gehören also die Raubzüge der

Turonen der Vergangenheit an. Bleiben noch die beiden anderen Stämme übrig. Unsere neue Grenze wird wohl diese Germanen auf Dauer abhalten, in unser Gebiet einzufallen."

„Ulf, der neue Anführer der Turonen hat uns seinen Sohn Ragin als Pfand übergeben", redete Octavian weiter, „ich bin der Meinung, dass er bei dir gut aufgehoben ist. Die Tätigkeit der Landvermesser und die Überwachung der Arbeiten könnten ihn sicher interessieren. Unterwegs habe ich schon bemerkt, dass er wie sein Vater gegenüber uns sehr aufgeschlossen ist."

„Ja, er müsste im gleichen Alter wie mein Sohn Marcus Julius sein, ich kann ihn einiges lehren."

„Gut, ich breche heute noch auf, meine fünf Kohorten müssen als Besatzung das Legionslager wieder auffüllen, man weiß nie, ob sie in Kürze gebraucht werden. Ohne sie sind wir nämlich nur halb besetzt."

Nach diesen letzten Worten brach Octavianus auf, zwischenzeitlich wurde Ragin von seinen Eltern zu Romulus gebracht. Seine Mutter Festina schluchzte laut auf, wer gab schon gerne sein Kind in fremde Hände. Quintus war erfreut über die neue Fügung des Schicksals und schloss mit Ulf einen Vertrag, von dem beide Seiten nur Vorteile haben konnten. Als Kaiser Trajan davon Kenntnis erhielt, war er sehr zufrieden mit dem Ablauf. Jetzt konnte er auf einen Bündnispartner im Osten zurückgreifen.

Die Wochen gingen ins Land und der Grenzpostenweg wuchs Meile um Meile. Ragin war ein ständiger Begleiter von Romulus und stellte viele Fragen. Am liebsten saß er auf einem der neuen Wachtürme um alles im Blick zu haben. Wenn sich die Gelegenheit ergab, ritten die drei Freunde nach Hause zu ihren Familien. Diese waren dankbar, ab und zu ihre

Männer in die Arme zu schließen. Auch die Kinder freuten sich jedes Mal, ihre Väter zu sehen. Bei den regelmäßigen Besuchen freundete sich auch Ragin mit dem ältesten Sohn von Romulus an. Sie wurden die besten Freunde, jeder lernte von dem anderen die unterschiedlichen Lebensweisen ihrer beiden Völker zu verstehen.

An der Grenze kam es immer wieder zu kleinen Zusammenstössen mit den Stämmen der Hermunduren und Markomanni.

Der Sommer war im Übergang zum Herbst begriffen, als Romulus mit seinen beiden Freunden den letzten Abschnitt in Richtung der Siedlung Cornelia abritt. Da in den letzten Wochen keine Scharmützel stattgefunden hatten, wähnten sie sich sicher. Darum waren sie ohne Begleitung unterwegs, nur Amilius durfte mit reiten. Die Sonne schien vom wolkenlosen Himmel und man sah an den Blättern der Bäume, dass sie sich langsam färbten. Eine Rotte Wildschweine kreuzte laut ohne Vorwarnung ihren Weg, die Freunde griffen vor Schreck zu ihren Waffen. Aber die Tiere hatten keinerlei Ähnlichkeit mit den Germanen und mit einem befreiten Lachen steckten sie ihre Schwerter in die Scheide zurück.

„Da läuft unser Wildschweinbraten“, lachte Romulus, „wir hätten schneller reagieren müssen, dann wäre unser Abendessen eine Freude gewesen.“ „Wir erreichen heute noch das Lager von Gaius“, meinte Rufus, „er wird uns auch ein leckeres Essen herrichten lassen.“ Nachdem sie eine zeitlang durch hügeliges Gelände geritten waren, lag jetzt eine weite grasbedeckte Ebene vor ihnen.

„Folgt mir!“, rief Rufus laut, „ich kenne diese Gegend, wir sind bald im Lager bei Gaius“, und trieb sein Pferd zur Eile an. Die anderen folgten ihm im Galopp, es war eine wahre Freude, so über die Ebene zu jagen. Nach einiger Zeit breschten sie durch das Lagertor und sprangen keuchend von ihren Pferden ab. Sie waren schon von weitem von den Wachen erkannt worden und diese informierten schon Gaius über die Neuankömmlinge.

„Schön, euch zu sehen“, meinte er zu Rufus, „wie kommen denn die Arbeiten für die Grenze voran? Ach, und mein Bruder Magnus war bei dem letzten Überfall auf seinen Gutshof in Lopdunum und kam deshalb mit seinem Leben davon. Wir haben immer noch Ärger mit den Überfällen von den Stämmen der Hermunduren und Markomanni. Ich hoffe, dass die neue Grenze das Problem beseitigt!“

„Da kannst du sicher sein“, warf Romulus ein, „unter meiner Führung wird dieser Abschnitt ein großes Hindernis für die Germanen werden. Außerdem haben wir jetzt den Stamm der Turonen auf unserer Seite, die werden uns schon über neue Ereignisse aus dem Osten informieren.“ Gaius war erleichtert über diese Entwicklung. Auf die Nachfrage von Rufus wurde ihnen ein schmackhaftes Essen serviert, als Ersatz für den verlorenen Wildschweinbraten und spätabends lagen sie zufrieden auf ihrem Nachtlager. Am nächsten Morgen machten sich die Freunde auf den Rückweg zu ihrem Lager, Romulus wollte seine Männer nicht all zulange sich selbst überlassen. Nachdem sie die Ebene hinter sich ließen, begann der Ritt bergauf und bergab durch das bewaldete Hügelland. Romulus dachte über die Schwierigkeiten nach, hier die Grenze zu ziehen. Das Fällen der Bäume würde viel Zeit in Anspruch nehmen. Auch seine Freunde waren in ihren Gedanken versunken, als sie plötzlich ein Surren in der Luft wahrnahmen. Instinktiv beugten sie sich auf ihre Pferde und ritten auf eine dichte Sträucherhecke zu. Sie waren wohl in einen Hinterhalt geraten und das Surren kam von feindlichen Speeren, mit denen sie eingedeckt wurden. Ihrer jahrelangen Kampferfahrung war es zu verdanken, dass sie rechtzeitig die drohende Gefahr erkannten. In der Sicherheit der Hecke sprangen sie von ihren Pferden und suchten angespannt die Umbebung ab. Rufus hatte einen Streifschuss an der Schulter abbekommen und Marcus an seinem Oberschenkel. Es waren aber nur Fleischwunden, die sie sich schnell abbanden. Die plötzliche Stille wirkte bedrohlich und sie beratschlagten, was zu tun sei. „Wir müssen ausschwärmen und die Feinde suchen“, meinte Romulus, „mit einem Gegenangriff werden die Feinde nicht rechnen.“ „Das ist auch mein Gedanke“, flüsterte Rufus, „die Speere flogen aus der Felsengruppe, die ich rechts von unserem Weg aus dem Augenwinkel erkannt habe.“ „Gut“, gab Romulus zurück, „wir nutzen jede Deckung und schleichen uns von drei Seiten auf die Felsen zu!“

Ohne ein Geräusch zu verursachen, krochen sie langsam in die angegebene Richtung, um dann in einem weiten Bogen hinter dem Feind wieder aufzutauchen. Das Schnauben einiger Pferde gab ihnen die Gewissheit, dass sie auf dem richtigen Weg waren. Angekommen, erblickten sie acht feindliche Krieger, die auf Grund ihrer Kleidung zu dem Stamm der Hermunduren gehörten. Die Freunde erkannten an der Gestik der Feinde, dass diese unschlüssig waren, wie sie weiter vorgehen könnten. Es handelte sich um junge Krieger, denen es noch an Erfahrung mangelte. Ansonsten hätten einige Speere von ihnen ihr Ziel gefunden. Zufrieden mit dieser Feststellung erklärte Romulus, so nah wie möglich ran zu schleichen um den Überraschungseffekt aus zu nutzen. Sie gelangten unentdeckt bis zu den angeleinten Pferden und wurden aber dann durch deren lautes Schnauben verraten. Sofort schauten die Krieger in Richtung ihrer Pferde und gingen zum Angriff über. Sie schleuderten hastig ihre Wurfäxte und trafen nur zwei der eigenen Pferde, weil sich Romulus und seine Freunde blitzschnell auf die Erde warfen. Mit dem Wissen ihres Fehlschlages rannten sie jetzt wutentbrannt mit erhobenen Schwertern auf die Freunde zu. Dieser wilde, unkontrollierte Angriff war genau das, worauf Romulus gehofft hatte. Er und seine Freunde stellten sich mit dem Rücken zu den angeleinten Pferden um die anstürmenden Feinde gebührend zu empfangen. Meilenweit war das Klirren der Schwerter zu hören, als der Kampf begann. Romulus wurde von drei Gegnern attackiert, von denen er dem ersten nach einigen Schlägen den Schwertarm abtrennte. Heulend sank dieser zwischen die aufbäumenden Pferde und wurde durch einen Huftritt gegen den Schädel getötet. Dadurch kurz abgelenkt, spürte Romulus den Luftzug einer Klinge, die an seinem Ohr vorbeizischte und an seiner Schulter eine Fleischwunde verursachte. Schmerzerfüllt parierte er den nächsten Schlag und konnte dem ungeübten Gegner seine Klinge in den Unterleib stoßen. Der nächste Gegner sah seinen Mitstreiter sterbend zu Boden fallen und hieb hasserfüllt auf Romulus ein. Seine Schläge waren schnell und hastig, durch seine Unerfahrenheit verlor er seine Deckung und Romulus versetzte ihm einen Schwerthieb in den rechten Oberschenkel, wodurch das Bein nur noch durch einige Sehnen verbunden, am Körper hing. Marcus und Rufus konnten mittlerweile durch ihre Kampferfahrung die restlichen Feinde niederringen und töten. Auch sie beklagten mehrere Fleischwunden, die aber mit der Zeit abheilen würden. Da Amilius zur Sicherheit bei ihren Pferden geblieben war, kam er jetzt schnellen Schrittes herbei und versorgte die Wunden seiner Begleiter.

Nach einer längeren Verschnaufpause und der Wundversorgung meinte Romulus: „Die Toten lassen wir hier liegen, die Tiere des Waldes werden sich um sie kümmern. Die Pferde der Hermunduren nehmen wir mit, den beiden verletzten Tieren müssen wir den Gnadenstoß geben, ihre Wunden sind nicht mehr zu behandeln." Auf die Toten schauend murmelte Rufus: „Bei älteren und erfahrenden Kriegern wäre der Kampf vielleicht anders verlaufen, aber so sind wir glimpflich davongekommen." „Ja", erwiderte Marcus, „da bin ich auch ganz deiner Meinung."

Im Lager angekommen, informierte sich Romulus über den Fortgang der Arbeiten. Er ließ die beiden Landvermesser zu sich rufen, die ihm ihre Sorgen mitteilten. „Die Arbeiten werden sich verzögern, „sprach Spurius, „im Moment müssen viele Bäume gefällt werden und das Hügelland macht es auch nicht einfacher. Ich denke, dass wir bis zum Frühjahr nächsten Jahres die Arbeiten beenden können. Auch der kommende Winter wird uns sicher in unserer Arbeit behindern." „Diesen Umstand habe ich in meiner Planung mit einbezogen", meinte Romulus, „und bis dahin lasse ich auch den letzten Abschnitt regelmäßig auf Übergriffe der Germanen kontrollieren. Wir sind erst heute wieder von einer kleinen Horde überfallen worden."

Die Tage wurden kürzer und der Herbst färbte die Blätter der Bäume in allen Farben. Auch nahm die Kälte zunehmend Einzug in das Lager und erschwerte dadurch die weiterführenden Arbeiten. Romulus musste immer wieder die Legionäre bei den Grenzarbeiten anspornen, die Kälte machte sie auf Dauer ziemlich träge. Eines Tages, Romulus hockte mit den Grenzvermessern vor seinem Zelt, um den Fortgang zu besprechen, hörten sie aus der Ferne eine Reiterabteilung auf sie zukommen. Sofort ließ Romulus Alarmsignale erschallen, er rechnete mit einem neuen Angriff der Hermunduren. Als die ersten Reiter in Sichtweite kamen, stellte er fest, dass es eine römische Abteilung war. Die Anspannung fiel von seinem Körper und er erkannte inmitten der Reiter seinen Kaiser Trajan.

Die neunte Legion

Der Kaiser begrüßte Romulus wie einen seiner besten Freunde und forderte ihn dann auf, mit ihm sein Zelt aufzusuchen. „Ich habe mit dir einiges zu besprechen“, begann Trajan, „ allein dir traue ich zu, mir in dieser Angelegenheit eine große Hilfe zu sein.“ Romulus konnte seine Neugier nicht verbergen und erwiderte „Ich werde alles unternehmen, was in meiner Macht steht, um dir deinen Wunsch zu erfüllen. Stille meine Neugier, indem du mir dein Vorhaben mitteilst!“

Der Kaiser überlegte eine Zeit lang und berichtete ihm dann von seinem Unterfangen. „Wie du weißt, habe ich in den letzten Monaten alle Legionslager in Ober- und Untergermanien aufgesucht, um mir die Ergebenheit meiner Legaten zu sichern. Mir ist es wichtig, dass während meiner Anwesenheit in Rom die Legionen hinter mir stehen. Auch die Legionäre sollen wissen, dass ihr Kaiser zu ihnen steht. Das gibt mir die Sicherheit, dass ich dadurch die Nordgrenzen im römischen Reich zur Sicherung des Friedens eingeleitet habe. Um meine Herrschaft zusätzlich abzusichern, brauche ich dich und deine treuen Männer. Ich habe vor einigen Monaten erfahren, dass in Britannien in der Nähe von [1]Eboracum die neunte Legion spurlos verschwunden ist und mit ihr auch der Legionsadler. Diese Schmach ist für unser Militär nicht hinnehmbar, der Adler muss gefunden werden. Wenn durch mein Handeln der Adler wieder in unseren Händen ist, stehen sämtliche Legionen hinter mir. Du sollst dafür Sorge tragen, dass er wieder gefunden wird!“

Romulus war im Moment wie geschockt von dieser Aufgabe und viele Gedanken schwirrten jetzt durch seinen Kopf. Er

---

[1] das heutige York

würde seine Familie längere Zeit nicht sehen, er müsste in ein für ihn unbekanntes Gebiet reisen und gefährlich war diese Aktion auch. Nachdem er sich wieder gefangen hatte, sprach er zu Trajan: „Ich werde alles unternehmen, um dir deinen Wunsch zu erfüllen.“ „Das habe ich mir gedacht“, antwortete Trajan, „ich lasse dir freie Hand, wie du das Unternehmen durchführst. und jetzt berichte mir, wie weit die Arbeiten am Grenzwall vorangeschritten sind.“ Als Romulus endete, zeigte sich Trajan zufrieden mit dem Fortgang der Arbeiten und teilte ihm mit, er würde morgen früh aufbrechen um in Richtung Danuvius zu reisen. Auch hier ging es ihm um die Absicherung der Grenzen.

Spät am Abend saß Romulus mit seinen Freunden und Trajan noch am Feuer und sie besprachen die weiteren Schritte, die zu unternehmen waren. Sie waren übereingekommen, dass Marcus den Posten von Romulus übernahm und Rufus mit seiner Centurie Romulus begleiten sollte.

„Oh nein!“, schluchzte Flavia laut, als Romulus ihr sein Vorhaben erklärte, „ich sterbe tausend Tode, wenn du auf diese gefahrvolle Reise gehst. Denke auch an unsere Kinder, die ihren Vater verlieren könnten.“ Romulus beruhigte sie und erklärte ihr, dass er schon viele Gefahren heil überstanden habe. Flavia gab sich traurig in ihr Schicksal und hoffte auf einen guten Verlauf. Auch Claudia erging es ähnlich, da Rufus Romulus begleitete.

Die Vorbereitungen für die Reise dauerten einige Tage, zudem ließ sich Romulus vier seetaugliche Frachtschiffe geben, die sie über den Rhenus und das Meer bis nach Britannien befördern sollten. Am Tag des Abschieds flossen viele Tränen aber der Befehl des Kaisers musste ausgeführt werden.

Jedes Frachtschiff wurde mit zwanzig Legionären, deren Pferde und die Ausrüstung beladen Nach der Einschiffung in Mogontiacum lehnten sich Romulus und Rufus an die Bordwand des ersten Frachters und betrachteten die friedliche Landschaft, die an ihnen vorüber zog. Die ersten Strahlen der Sonne berührten ihre Gesichter wie eine streichelnde Hand. In dem Moment empfanden die Freunde diesen Zustand als ein gutes Zeichen. Die Furcht vor der Reise in ein für sie unbekanntes Land machte jetzt Platz für eine große Zuversicht. Viele Stellen am Rhenus kannten sie bereits aus früheren Zeiten, als sie zu Pferde die Aufstände der Germanen bekämpften. Die Herbstsonne ließ die Landschaft in bunten Farben erscheinen, welches die Legionäre als gutes Omen wahrnahmen und deshalb verbreitete sich bei allen eine gute Laune auf den Frachtern.

„Bis jetzt ist es eine angenehme Reise über den Rhenus", meinte Rufus, „aber was erwartet uns, wenn wir über das große Wasser nach Britannien segeln?" „In der Vergangenheit sind viele Schiffe von uns ohne Verluste über die Meere gesegelt und wenn es kein großes Unwetter gibt, werden wir auch ohne einen Mann zu verlieren, in Britannien ankommen", beruhigte ihn Romulus. Nach zwei Tagen kam das Meer in Sichtweite und die Legionäre schauten mit gemischten Gefühlen über die Weite der Wassermassen. Keiner der Anwesenden hatte bis jetzt eine Schiffsfahrt über ein Meer durchgeführt.

Romulus erhob das Wort und sprach zu seinen Männern: „ Das Wetter ist klar, die See ruhig, wir werden an Britanniens Küste heil ankommen. Macht euch also keine Sorgen." Diese Ansprache erzeugte neuen Mut bei den Legionären und ohne weiteres Murren begann die Überfahrt. Am späten

Nachmittag kam die Küste in Sicht und nach kurzer Zeit konnten sie die Frachter entladen. Diese wurden nun für die Rückfahrt gesichert und Romulus ließ fünf Legionäre für dessen Bewachung zurück. Da er vor ein paar Tagen schon die Landkarten studieren konnte, bewegte sich nun ein Trupp von siebenundsiebzig Reitern in Richtung Londinium. Das Ziel Eboracum lag noch in weiter Ferne. Bei dem Aufstand durch die britannische Königin [1]Boudicca wurde Londinium vor vierzig Jahren restlos niedergebrannt und alle überwiegend römische Bürger dabei getötet. Mittlerweile war die Stadt aber wieder vollkommen aufgebaut worden. Romulus suchte noch am Abend den Stadtkommandanten auf, um sich über die jetzige Lage zu informieren. Dieser erklärte ihm, dass ihm immer wieder kleine Überfälle von den Briganten auf der Strasse nach Eboracum gemeldet wurden. Auch das Schicksal der neunten Legion war bis jetzt noch nicht gelöst worden. Es war nur bekannt, dass sie einen Überfall durch die Caledonier auf Eboracum abwehren konnten und diese dann Richtung Norden verfolgt hätten. Nach diesem Gespräch legte Romulus sein weiteres Vorgehen fest.

Am nächsten Morgen ließ er in aller Frühe das Nachtlager bei Londinium auflösen, für den Ritt nach Eboracum plante er vier Tage ein. Die Legionäre saßen fröstelnd auf ihren Pferden, es war ein kalter Herbstmorgen. Aus diesem Grund erteilte Romulus den Befehl, die ersten Meilen im Galopp zu reiten. Die vor Jahren befestigte Strasse erleichterte ihnen ein schnelles Fortkommen. Die Landschaft wechselte sich mit kleinen Hügeln, Grasebenen, Wäldern und kleinen Sümpfen im Gelände ab. Auch kleine Siedlungen lagen an der Strasse,

---

[1] britannische Heerführerin und Königin

aber von den Bauern, die hier ansässig waren, ging keine sichtbare Gefahr aus. Gelegentlich begegneten ihnen reisende Händler und Bauern, die mit einer Ladung Getreide zu irgendeinem Abnehmer unterwegs waren. Romulus ließ seine Männer nach Gefahren Ausschau halten, er rechnete immer mit einem plötzlichen Überfall. Am ersten Abend schlugen sie ihr Lager am Ufer eines Flusses auf und die Männer angelten nach Fischen für ihr Abendessen die sie frisch am Feuer gebraten, sich köstlich schmecken ließen. Der nächste Tag begann mit strömendem Regen und die Männer machten sich missmutig auf den Weg. Der für das Land typische Nebel kam auf und begrenzte dadurch die Sicht nach allen Seiten. Romulus mahnte zu mehr Vorsicht, der Feind könnte die Wetterverhältnisse für einen Angriff nutzen. Rechts an der Strasse war ein jetzt ein großes Sumpfgebiet zu sehen, das sich mit kleinen Waldstücken abwechselte. „Wenn ich einen Überfall planen würde", bemerkte Rufus, „dann wäre hier die günstigste Stelle." „Du hast Recht mit deiner Vermutung", „antwortete Romulus, „wir nehmen die Pferde an die Leine und sichern nach allen Seiten ab."

Als sich nach einer halben Meile nichts regte, erteilte Romulus den Befehl zum Aufsitzen. In diesem Moment schoss ein Pfeilhagel durch die Nebelwand, zwei Pferde brachen in die Knie und drei Legionäre wurden getroffen. Glücklicherweise lag neben der Strasse eine Senke, in die Romulus seine Männer und Pferde schnellstens hineintrieb. Ein zweiter Pfeilhagel surrte durch den Nebel aber mittlerweile wehrten sie mit ihren Schilden den erneuten Angriff ab. Trotzdem wurden zwei Pferde wieder tödlich getroffen. Sofort ließ Romulus die restlichen Pferde in Sicherheit bringen. In geduckter Stellung, geschützt durch ihre Schilde warteten sie den nächsten

Angriff ab. Aber es war kein Laut zu hören. „Ich muss mir Klarheit verschaffen“, wandte sich Romulus an seinen Freund, „nimm fünfzehn Männer und erkunde das Gebiet jenseits der Strasse. Wir können erst weiterziehen, wenn die Briganten getötet oder in die Flucht geschlagen sind.“

Rufus suchte sich die erfahrensten Legionäre und seinen Freund Amilius aus und schlich mit ihnen in breiter Formation auf die andere Seite. Sie nutzten jegliche Deckung aus, um nicht gleich dem Feind in die Hände zu fallen. Nicht weit von der Strasse bemerkte Rufus im Nebel einige Gestalten, die sich in den Sträuchern am Rand des Sumpfes aufhielten. Er gab seinen Männern ein Zeichen und kroch geräuschlos auf allen vieren auf die Feinde zu. In Hörweite angekommen, konnte er die Lage dann beurteilen. Neun Feinde waren zu erkennen, die sich auf Grund ihrer Gestik, die Sprache verstand er nicht, nicht schlüssig waren, weiter anzugreifen. Sie hatten wohl die Übermacht erkannt, bei einem Gefecht von Mann zu Mann würden sie den kürzeren ziehen. Rufus hatte genug gesehen, er hob die Hand zum Zeichen für den Angriff. Ehe die Briganten sich zur Gegenwehr setzen konnten, lagen sieben von ihnen sterbend im Gras, die letzten zwei konnten verletzt in die Sümpfe entkommen.

„Ich dachte schon, unser Auftrag würde hier enden, weil die Feinde in der Überzahl wären“, sprach Romulus zu seinem Freund bei der Rückkehr, „aber unser Eingreifen hat durch deine Erfahrung zum Erfolg geführt.“ Nachdem die verletzten Legionäre behandelt waren, einer war durch einen Bauchschuss gestorben, ließ Romulus aufsatteln um den Rest des Tages weiterzukommen. Weil vier Pferde ausgefallen waren, saßen einige Legionäre zu zweit auf einem Pferd, welches das Fortkommen verlangsamte. Am Ende des vierten Tages ritten sie in Eboracum ein, unterwegs blieben sie von weiteren Zwischenfällen verschont. Romulus ließ das Zeltlager aufschlagen und eilte in der Zwischenzeit zu dem Legat von Eboracum.

Als er vorgelassen wurde, erhellte sich sein Gesicht. Vor ihm stand Livius, den er noch von dem Legionslager Vetera her kannte. „Wie schön, dich hier zu treffen“, begrüßte er Livius, „der Kaiser hat mir nichts von deiner Anwesenheit in Eboracum erzählt. Du kannst mir sicher in meiner Mission behilflich sein?“ Livius war zuerst sprachlos, dann bestürmte er Romulus mit seinen Fragen: „Ich hätte nie gedacht, dich hier zu treffen, was führt dich hier in dieses kalte raue Land? Dauernder Nebel und Regen macht einen mürbe hier. Unser Kaiser hat mich mit meiner Legion hierhin abkommandiert, weil die vorherige Legion spurlos verschwunden ist.“ Romulus erzählte ihm von seinem kaiserlichen Auftrag und war deshalb auf jede Hilfe angewiesen. „Da kann ich dir weiterhelfen. Die neunte Legion verhinderte einen Überfall auf Eboracum durch die Caledonier und sie verfolgten diese in Richtung Norden. Seitdem hat keiner mehr etwas von ihnen gehört.“ „Dann werde ich nach einem Tag Ruhepause mit meinen Männern die Fährte aufnehmen und hoffe, dass ich ihr Schicksal aufklären kann“, meinte Romulus, „ich informiere meine Männer und würde dann mit meinem Freund Rufus den Abend für weitere Gespräche mit dir verbringen.“ Livius hatte die gleiche Idee und versprach ihm jede Hilfe für sein Vorhaben.

Am übernächsten Morgen brach Romulus auf, er war von Livius mit Proviant, frischen Pferden und weiteren Waffen ausgerüstet worden. Der Tag begann regnerisch und der aufkommende Nebel erschwerte eine gute Sicht nach allen

Seiten. Romulus schärfte seine Männer auf eine hohe Wachsamkeit ein, die Siedlungen der Caledonier mussten gefunden werden. Je weiter sie Richtung Norden zogen, desto schroffer wurde das Land um sie herum. Die Berge wurden höher und die Wälder größer. Am frühen Abend waren in der Ferne zwischen den Nebelschwaden mehrere Rauchsäulen zu erkennen. Romulus ließ anhalten und gab den Befehl, ein geschütztes Nachtlager zu suchen. Dann meinte er zu Rufus gewandt: „Ich nehme Amilius mit, um die Lage zu erkunden, in dieser Zeit überwachst du den Aufbau des Nachtlagers, wenn du was passendes gefunden hast. Stelle einen Legionär ab, der uns hier später abholt!“ „Ja“, war die Antwort, „du kannst dich auf mich verlassen.“

Amilius ritt hinter Romulus, jede Deckung nutzend, näherten sie sich einer Siedlung. In einer kleinen Senke banden sie ihre Pferde an und schlichen dann an den Rand eines Flechtzaunes, der fünf Gehöfte umrandete. Der Zaun diente wohl nicht zur Verteidigung, sondern nur zum Schutz der Rinder, die hier gehalten wurden. Eine Zeitlang beobachteten sie das Treiben der Bewohner, um erste Hinweise zu erfahren. „Wenn es dunkel wird, schleichen wir zwischen die Häuser, dann können wir vielleicht nützliche Informationen erhalten“, flüsterte Romulus. „Ich habe vorhin eine morsche Stelle im Zaun entdeckt“, gab Amilius zurück, „das gibt uns die Möglichkeit, hindurch zu kommen.“ „Gut aufgepasst“, murmelte Romulus. Nach einiger Zeit stieß der Mond durch die Wolken und erhellte leicht den Platz zwischen den Häusern. Die beiden Beobachter konnten jetzt ihr Vorhaben ausführen, es waren auch keine Personen mehr draußen zu sehen. Sie schlichen leise an das größte Gebäude und konnten durch die Holzwand einige Gesprächfetzen wahrnehmen.

Erstaunlicherweise sprach jemand zu ihrer Verwunderung in ihrer Sprache und dann übersetzte er für die anderen.

„Ich hoffe, es war kein Fehler von mir, mich euch anzuschließen. Aber mein Leben ist mir lieber, als die Treue zu meinem Kaiser. Durch euren Hinterhalt in den Sümpfen ist fast meine ganze Legion vernichtet worden, außer einigen Kameraden, denen die Flucht in den Süden gelungen ist.“ Romulus war entsetzt, als er die Aussage des abtrünnigen Legionärs hörte, aber die Unterhaltung im Innern des Hauses war noch nicht zu Ende. Der übersetzende Caledonier versprach dem Römer eine gute Aufnahme in seinem Stamm, im Gegenzug sollte er über alles berichten, was im Kampf gegen die Legionen zum Vorteil sein könnte. „Das schlimmste, was dem römischen Militär passieren kann, ist ein verlorener Legionsadler“, sprach der Abtrünnige weiter, „in diesem Fall sinkt die Kampfmoral aller Legionäre und deshalb darf der Adler nicht gefunden werden.“ Der Übersetzer versicherte dem Verräter, dass ihr Anführer Calcacus den Adler drei Tagesritte nördlich von hier in den Bergen versteckt halte. Auf der Spitze eines der Berge gäbe es einen heiligen Hain für alle Caledonier, wo der Adler als Siegeszeichen verehrt werde.

Romulus hatte genug erfahren und zog sich mit Amilius leise zurück. Nach kurzer Zeit erreichten sie den Treffpunkt und der wartende Legionär führte sie zu ihrem Nachtlager. Rufus erwartete ungeduldig die beiden Freunde und fragte gleich nach dem Ergebnis ihrer Erkundung.

„Ich habe alles erfahren, um den Adler zu finden“, erklärte Romulus und erzählte ihm den Ablauf ihrer Beobachtungen. „Und deshalb ziehen wir morgen weiter nach Norden in die Berge. Wenn uns die Götter wohl gesonnen sind, finden wir diesen heiligen Hain und können uns den Adler zurückholen. Vielleicht treffen wir auch einige Legionäre in den Wäldern, die der Schlacht entkommen sind."

„Das würde die Moral unserer Truppen stärken", meinte Rufus, „wenn wir außer dem Adler auch noch einige Legionäre der Neunten zurückbringen." „Da bin ich ganz deiner Meinung", kam von Romulus zurück.

Der nächste Tag begann mit Nieselregen und die für das Land bekannten Nebelschwaden hingen in der Luft. Sie durchquerten hügeliges Gelände, welches sich wieder mit Sümpfen, Wäldern und Grasebenen abwechselte. In der Ferne erhob sich eine Gebirgskette, auf denen sie irgendwo den gesuchten Hain vermuteten. Gegen Nachmittag ritten sie um ein sumpfiges Gelände, hier stieg ihnen ein fauliger Gestank in die Nase. Sofort gab Romulus das Zeichen zum Absitzen, man konnte eine unsichtbare Gefahr förmlich greifen. „Bei allen Göttern!", rief plötzlich ein Legionär, „da vorne ragt ein Speerschaft aus dem Sumpf." „Sichert sofort rundum die Lichtung!", befahl Romulus, „wir müssen feststellen, was hier vorgefallen ist. Die Hälfte der Männer bildet jetzt einen Kreis um unsere Pferde und Ausrüstung, der Rest schwärmt mit mir aus, um die Lage zu erkunden!" Romulus und Rufus näherten sich der Stelle mit dem herausragenden Speerschaft. Bei der näheren Untersuchung erkannten sie einen Legionär, der bäuchlings im Sumpf lag, in seinem Rücken steckte ein Kurzspeer der Caledonier. Gemeinsam zogen sie den toten Körper aus dem Morast, um ihn später würdevoll zu bestatten. Da ertönten leise Rufe aus dem angrenzenden Dickicht. Sofort ließ Romulus die Stelle umzingeln, um einem möglichen Angriff zuvor zu kommen. „Helft uns, wir sind am Ende!", ertönte eine Stimme aus dem Gestrüpp, „wir von der Neunten sind die letzten, die die Schlacht überlebt haben." „Es besteht keine Gefahr mehr für euch!", rief Romulus, nachdem die Umgebung abgesichert war, „ihr könnt euer Versteck verlassen, wir sind Römer wie ihr." Zum Vorschein kamen drei Legionäre aus dem Dickicht gekrochen, die ausgehungert wirkten und sich auch in einem schlechten Zustand befanden. Nachdem sie gestärkt waren, befragte Romulus sie nach ihren Erlebnissen.

„Als die Caledonier ohne Erfolg durch unseren Widerstand Eboracum angegriffen haben", begann ein Legionär namens Gallio, „flohen sie in den Norden und unsere Legion setzte ihnen nach. Zwei Tage lang konnten wir ihre Spur verfolgen und befanden uns gegen Abend am Rande eines sumpfigen Geländes, welches sich gut einen Tagesritt von hier im Norden befindet. Unser Legat Gaius Caristanius Fronto befahl das Aufschlagen eines Nachtlagers, weil wir die Caledonier weiter im Norden vermuteten. Nachdem wir schon die Hälfte eines Schanzgrabens auf einer Lichtung hergestellt hatten, brach plötzlich das Grauen über uns herein. Von allen Seiten flogen in der anbrechenden Dunkelheit die Kurzspeere der Caledonier auf uns nieder. Viele unserer Männer hielten noch den Schanzspaten in ihren Händen und kamen nicht schnell genug zu ihren Waffen. Dadurch wurden Hunderte von ihnen getötet. Dann stürmten sie aus allen Richtungen auf uns zu und es entstand ein großes Gemetzel. Sie waren in der Überzahl und wir hatten keine Möglichkeit, einen Sieg zu erringen. Als ich sah, dass unser Legat durch einen Schwerthieb tödlich getroffen wurde, sah ich mein Heil in der Flucht. Einige Kameraden machten es mir gleich und wir konnten im Schutz der Dunkelheit Richtung Süden entkommen. Wir liefen die ganze Nacht hindurch, hörten aber hinter uns, dass wir verfolgt wurden. Viele Wochen irrten wir dann umher, immer wieder hörten wir den Feind, der nach uns suchte. Eines Tages verließen uns unsere Kräfte und wir versteckten uns in diesem Dickicht. Der tote Kamerad sah von hier aus ein Wildschwein und verließ die Deckung, um für uns eine Mahlzeit zu besorgen. Kurze Zeit später tauchten unsere Verfolger auf und er fiel mit einem Speer im Rücken in den Morast. Wir sahen den Tod unseres Kameraden und verhielten uns so leise wie möglich. Die Feinde suchten rundum alles ab, aber sie entdeckten uns nicht. Nach geraumer Zeit zogen sie weiter um nach anderen Flüchtigen zu suchen. Als wir euch hörten, dachten wir, nun hat unsere letzte Stunde geschlagen."

Romulus und seine Männer schwiegen eine Zeitlang betroffen, der Untergang einer ganzen Legion war für sie sehr schmerzhaft und kaum zu ertragen.

„Wir müssen unsere Ehre wieder herstellen", begann Romulus anschließend, „wir ziehen morgen in die Berge und suchen so lange, bis wir den Adler finden." Rundum erscholl ein zustimmendes Gemurmel, jeder wollte sich für die entstandene Schmach rächen.

Seit dem frühen Vormittag am darauf folgenden Tag ritten die Männer die erste Anhöhe hinauf. Die drei Kameraden der neunten Legion waren einigermaßen wieder zu Kräften gekommen und sie saßen auf einem der Reservepferde, die Romulus als Ersatz mitgenommen hatte. Es war jetzt Anfang November und der tagelange Nieselregen hatte einer klirrenden Kälte Platz gemacht. Die Felsgruppen und der karge Baumbestand wechselten so langsam in einen dichten Wald, was ein Weiterkommen erschwerte. Romulus ließ absitzen und die Pferde wurden an der Leine weitergeführt. In einiger

Entfernung war eine große Felsformation zu erkennen, die zwischen den Bäumen weithin sichtbar war.

„Halt!“, stieß Gallio angsterfüllt aus, „da oben haben wir vor einigen Tagen einen Trupp Caledonier gesichtet, wir konnten uns im letzten Moment unbemerkt in Sicherheit bringen.“ „Rufus, nimm Amilius mit und schleicht euch zu den Felsen“, flüsterte Romulus, „dann erkundet die Lage!“ Nach einiger Zeit sah man die beiden winkend neben den Felsen stehen und Romulus gab das Zeichen zum Aufbruch. Oben angekommen, bot sich den Römern ein schauriges Bild. Viele wandten sich ab, der Anblick war kaum auszuhalten. Inmitten der Felsen war ein Altar auf einem großen Felsbrocken errichtet und rundum steckten vierzehn Pfähle im Boden auf denen die Köpfe von Legionären steckten. An den abgeschnittenen Nasen und Ohren und den ausgestochenen Augen konnte man erkennen, welche Folterungen sie ausgesetzt waren. In den Bäumen hingen die geschundenen Körper der Opfer. Auf dem Altar selbst konnte man getrocknetes Blut und Reste von Eingeweiden erkennen. „Das ist das Werk der Druiden“, schluchzte Callio, „sie sind bekannt dafür, Gefangene als Dankbarkeit an die Götter nach einer siegreichen Schlacht diese zu opfern.“ „Wir lassen diesen Zustand, wie wir ihn vorfanden!“, erklärte Romulus, „sonst würde unsere Anwesenheit hier oben auffallen.“ Mit einem Murren fanden sich die Männer damit ab und zogen weiter den Berg hinauf, ein Adler war trotz intensivem Suchen nicht gefunden worden. Da immer mit den Feinden zu rechnen war, mahnte Romulus nochmals zu äußerster Vorsicht. Gegen Abend erreichten sie den ersten Gipfel, aber weit und breit war kein heiliger Hain oder ähnliches auszumachen. „Wir schlagen hier unser Lager auf“, teilte Romulus seinen Männern mit, „morgen ziehen wir weiter zum nächsten Berg!“ Der Gipfel war spärlich bewachsen und man hatte deshalb eine gute Rundumsicht in die Umgebung. Die nächste Anhöhe lag einen halben Tagesmarsch in der Nähe und war nicht so stark bewachsen. Viele Felsen und Baumgruppen wechselten sich ab und vermittelten eine friedvolle Aussicht. Konnte ihnen hier ein Leid zustoßen?

Die Nacht war ziemlich kalt gewesen, die abgestellten Wachen konnten in der Zeit nichts Verdächtiges ausmachen, deshalb war die Stimmung unter den Legionären als gut zu bezeichnen. Brot und Trockenfleisch füllte die Mägen und gestärkt begann der Aufbruch. Romulus ließ weiter die Pferde an der Leine führen, um besser nach allen Seiten absichern zu können. Nach einigen Stunden waren sie bereits schon im Aufstieg der nächsten Anhöhe, die sie abends zuvor ausgemacht hatten. Eine halbe Meile unter dem Gipfel ließ Romulus halten und schickte eine Abordnung von zehn Legionären unter der Führung von Rufus nach oben. Es dauerte einige Zeit, bis man die Kundschafter in gebückter Haltung den Berg wieder hinunter schleichen sah.

„Oben scheint ein Hain zu sein“, begann Rufus, „wir konnten ein paar Caledonier erkennen und einen Körper, der in den Bäumen hing. In der Mitte des Gipfels ist ein riesiger Altar auf Steinen errichtet, der sich in einem Baumkreis befindet. Nach dieser Beobachtung haben wir uns geräuschlos entfernt, um euch zu berichten.“ „Die Götter sind mit uns“, antwortete Romulus, „wir scheinen auf der richtigen Fährte zu sein.“ und zu seinen Männern gewandt, verkündete er sein Vorhaben, „wir bilden einen Kreis um den Gipfel und pirschen uns leise an. Wenn ich dann ein Zeichen gebe, erstürmen wir den Hain, dann macht die Feinde nieder, wir sind ja in der Überzahl und werden siegen.“ Jede Deckung nutzend, begann jetzt der

Aufstieg, bis die Legionäre in Position waren. Auf das verabredete Zeichen hin stürmten sie in den Hain und hielten grausame Rache. Das Ereignis von gestern mit den toten Kameraden hatte seelische Wunden hinterlassen, deshalb wurden die Feinde noch im Tod mit den Schwertern zerstückelt. Wie es den Anschein hatte, waren zehn Caledonier und ein Druide bei einem Ritual beschäftigt gewesen und wähnten sich in Sicherheit. So hoch im Norden hatten sie sicher keine Römer vermutet.

Nach dem Gemetzel überprüfte Romulus den gesamten Hain und erblickte auf dem Altar ein Holzgerüst, an dem der gesuchte Legionsadler befestigt war, über dem Adler war ein Pfahl angebracht, auf dessen ein Kopf gesteckt war. Gallio kam dazu und war entsetzt: „Das ist der Kopf unseres Legaten Gaius Caristanius Fronto, jetzt haben wir die Gewissheit, was mit ihm passiert ist. Das ist auch sein Körper, der drüben an dem Baum hängt." Romulus wandte sich seinen Männern zu: „Wir geben dem Legaten eine angemessene Bestattung, nehmen den Adler und begeben uns auf dem schnellsten Weg nach Eboracum zurück. Ehe die Caledonier mitbekommen, was hier passiert ist, müssen wir außerhalb ihrer Reichweite sein!" Der Rückzug begann zügig und am Abend erreichten sie ihr altes Lager von letzter Nacht. Im Morgengrauen mahnte Romulus zur Eile, den grauenvollen Ort, den sie vor zwei Tagen entdeckt hatten, umgingen sie in großer Entfernung. Sie wollten ein Zusammentreffen mit den Feinden verhindern.

Nach vier Tagen erreichten sie ungeschoren das alte Lager in der Nähe der Siedlung, in der Romulus alles Wissenswerte erfahren hatte. Um eine Entdeckung zu vermeiden, waren sie Umwege geritten und hatten sich, nach allen Seiten sichernd, so leise wie möglich verhalten. Müde und frierend bezogen sie ihr altes Lager und fielen in einen tiefen Schlaf. Zuvor teilte Romulus noch zehn Wachen ein, die rund um das Lager verteilt wurden. Leider war den Römern entgangen, dass sie seit zwei Tagen von einer Truppe Caledonier verfolgt wurden.

Bei den Wachen stand auch Amilius, er beobachtete die Umgebung und hatte Mühe, die Augen offen zu halten. Seine Gedanken beschäftigten sich mit ihrer Heimkehr, lieber heute als morgen wollte er dieses unheimliche Land, diese unwirtliche Einöde wieder verlassen. Ihren Auftrag konnten sie als erledigt abhaken. Ein Knacken in kurzer Entfernung ließ ihn aufhorchen. Er drehte sich in diese Richtung und entging dadurch einem Speer, der ihn noch am Ohr streifte. Sofort brüllte er laut aus tiefster Brust einen Alarmschrei und brachte sich in Deckung. Jetzt erschollen rund um das Lager die Kampfschreie der Caledonier. Die Legionäre griffen im Halbschlaf zu ihren Waffen und wehrten sich der anstürmenden Feinde. Auch Romulus und Rufus sprangen beide auf und stellten sich dem Feind entgegen. Da Rufus schneller war, stand er vor seinem Freund und sah nicht die Gefahr, die aus dem Dunkel auf ihn zuraste. Mit einem Röcheln sank er zu Boden, ein Speer steckte tief in seiner Brust. Aus den Augenwinkeln sah Romulus seinen Freund zu Boden sinken. Ihm blieb keine Zeit, nach Rufus zu sehen, er wurde in dem Moment von einem übergroßen Caledonier mit dem Schwert attackiert. Er wehrte die kräftigen Hiebe ab und versuchte seinerseits, eine Schwachstelle des Feindes zu entdecken. Verbissen schlugen die Klingen ineinander. Als Romulus bemerkte, das der Gegner immer wieder versuchte, seinen Oberkörper zu schützen, deutete er einen Hieb Richtung Hals an und zog dann die Klinge im letzten Moment in die ungeschützte rechte Lende des Feindes. Mit weit aufgerissenen Augen und einer tödlichen Wunde blickte dieser auf Romulus und fiel dann wie ein gefällter Baum zu Boden.

Da die Feinde in der Minderheit waren, ungefähr die Hälfte von Romulus Truppe, war der Kampf mittlerweile zu Ende. Die Caledonier hatten sich darauf eingestellt, das durch ein Überraschungs- angriff in der Nacht auf die müden Römer ein Sieg möglich wäre. Nun endlich sah Romulus nach seinem Freund Rufus, erkannte aber, dass es mit ihm zu Ende ging. Tieftraurig bettete er den Kopf seines Freundes in seine Arme und sprach zu ihm: „Liebster Rufus, du bist ein Teil meines Lebens. Wie viele Gefahren haben wir überstanden, ich wollte mit dir alt werden und gemeinsam mit unseren Frauen noch einen schönen Lebensabend verbringen. Du warst immer wie ein Bruder für mich. Ich bringe dich nach Eboracum, wo ich dir ein schönes zuhause geben werde.“ Dankbar schaute Rufus ihn an und wollte ihm antworten, aber seine Worte gingen in einem starken Blutschwall unter und er schloss für immer die Augen.

Außer Rufus waren noch weitere siebzehn Legionäre zu Tode gekommen, die später würdevoll bestattet wurden. Die Feinde aber waren bis auf den letzten Mann getötet worden. Irgendwann graute der Morgen, Romulus ließ aufsitzen und führte todtraurig seinen Freund, vor sich auf dem Sattel liegend, mit. Seine Gedanken drehten sich jetzt um Claudia, wie konnte er seiner Schwägerin den Tod ihres Mannes beibringen? War er schuldig? Hätte er besser auf seinen Freund aufpassen müssen? Sein Herz schmerzte bei diesem Verlust, er konnte keinen klaren Gedanken fassen.

Am nächsten Tag ritten sie durch das Tor von Eboracum, ohne unterwegs nochmals Feinde getroffen zu haben. Romulus gab seinen Freund in die Obhut seiner Legionäre und begab sich gleich zu Livius, um Bericht zu erstatten. „Das sind gute und schlechte Nachrichten, die du mir überbringst", begann danach Livius, „es tut mir sehr leid, dass du deinen besten Freund verloren hast. Ich werde dafür sorgen, dass er bei uns ein angemessenes Grabmal erhält. Jeder soll wissen, dass hier ein mutiger Centurio seine letzte Heimat gefunden hat. Das Schicksal der neunten Legion ist nun aufgeklärt und der Adler befindet sich wieder in unseren Händen. Der Kaiser wird dir ewig dankbar sein. Nimm die drei letzten Legionäre der Neunten mit nach Mogontiacum, der Kaiser wird sie sicher auszeichnen wollen." „Das ist eine gute Entscheidung", kam die Antwort, „wir gönnen uns zwei Tage Erholung, dann brechen wir auf."

Auf dem gesamten Rückweg war Romulus in Trauer versunken, er meinte gelegentlich, die Stimme von Rufus zu hören. Aber jetzt stand ihnen das Glück zur Seite, kein Feind stellte sich ihnen entgegen. Er ließ sich oft von Amilius vertreten, er musste Quintus überzeugen, das dieser das Zeug zum Centurio hatte. Die Überfahrt ging bei ruhiger See vonstatten, den Rhenus hinauf kamen die Ruder zum Einsatz. Nach fast zwei Wochen konnte man die Mauern von Mogontiacum erkennen, die Freude bei den Rückkehrern war riesengroß. Nur Romulus und Amilius, die einzigen mit traurigen Gedanken, lehnten an der Bordwand und dachten an ihren Freund Rufus. Den Gang zu Claudia fiel Romulus noch schwerer als er gedacht hatte. Ihre Ankunft war beobachtet worden und ziemlich schnell füllte sich der Hafen mit einer Menschenmenge. Flavia und Claudia schoben sich freudestrahlend durch die

Menge, um so schnell wie möglich die Ankommenden zu begrüßen.

Romulus ging als letzter von Bord, in dem Moment blieb Claudia wie angewurzelt stehen. Flavia flog ihrem Mann glücklich in die Arme und bemerkte nicht das Fehlen von Rufus. Nach einer wilden Umarmung schob Romulus seine Frau sanft von sich und wandte sich Claudia zu. Erst jetzt fiel auch Flavia auf, das Rufus nirgendwo zu sehen war. „Ich finde keine Worte“, sprach Romulus, als er Claudia umarmte, „mein bester Freund hat in Britannien sein Leben gelassen, er ist im Kampf getötet worden. Deine Schwester und ich teilen deinen Schmerz und versuchen, mit dir gemeinsam darüber hinwegzukommen.“ Flavia nahm jetzt beide in ihre Arme, um zu trösten. Amilius war mittlerweile dazugekommen und teilte ihnen traurig mit, das auch er seinen besten Freund verloren hatte. Er versprach Claudia, jederzeit für sie da zu sein. Nach einer endlos langen Zeit begleitete Romulus die beiden Frauen nach Hause, er musste noch umgehend Quintus im Prätorium aufsuchen.

Nachdem er seinen Bericht bei Quintus beendet hatte, räusperte dieser sich und sprach dann: „Als Erstes spreche ich dir meinen Dank aus, das du den Legionsadler wieder in römische Hände geben kannst. Die zurückgelassenen Toten in Britannien, dazu gehört auch dein Freund Rufus, empfinde ich auch persönlich als sehr schmerzhaft. Aber im Militärleben ist jederzeit damit zu rechnen. Deinen Wunsch, Amilius zum Centurio zu ernennen, erfülle ich dir gern.“ Dann, nach einer kurzen Pause: „Bevor unser Kaiser Trajan nach Rom zurückkehrt, um seine Staatsgeschäfte wahrzunehmen, ließ er mir durch einen Boten mitteilen, das er uns in einigen Tagen einen Besuch abstattet. Er wollte hier noch Veränderungen vornehmen und hoffte, dich hier zu treffen.“ „Wenn du gestattest, möchte ich meinen Männern eine Ruhepause gönnen und Claudia braucht im Moment meine Hilfe“, äußerte sich Romulus und wurde mit einem Zustimmen von Quintus entlassen. Als er nach Hause kam, saß auch Marcus mit seiner Frau Aurelia bei den beiden Schwestern. Die Nachricht über die Rückkehr von Romulus hatte sich schnell verbreitet. Marcus weilte nämlich einige Tage auf dem Gut seines Schwiegervaters, für die Leitung der Grenzarbeiten hatte er einen Stellvertreter ernannt, deshalb war er sofort zur Stelle. Gemeinsam ließen sie die Vergangenheit mit Rufus nochmals aufleben, um von ihm Abschied zu nehmen. Sein Sohn Diomedis konnte noch nicht begreifen, das er seinen Vater nie mehr in die Arme nehmen würde.

Drei Tage später kam Kaiser Trajan mit seinem Gefolge an und Romulus wurde sofort in die [1]Principa berufen. Der Raum platzte aus allen Nähten, alle Offiziere und der Verwaltungsstab waren eingeladen. Trajan hob seine Hand, um Ruhe einkehren zu lassen und begann dann mit seiner Rede: „Zuerst möchte ich Romulus danken, dass er den Barbaren in Britannien unseren Adler entreißen konnte. Als Dank für seine Leistung ernenne ich ihn hiermit zum Legatus von Mogontiacum, weil ich Quintus abkommandiere, ich brauche in Rom sein Wissen und seine Beratung über Ober- und Untergermanien!“ Nach dieser Rede brach eine unheimliche Stille in den Raum ein, nur Quintus sah gelassen aus, sein Kaiser hatte ihn vorab informiert. Romulus zog es gefühlt den Boden unter den Füssen weg, mit dieser Wendung hatte er niemals gerechnet. Hatte vielleicht auch die alte Freundschaft mit dem jetzigen

[1] Stabsgebäude

Kaiser und seine letzte Mission zu dieser Wendung seines persönlichen Lebens geführt? Er fand im Moment keine Antwort, seine Gedanken kamen nicht zur Ruhe. Jetzt erhob sich ein lautes Stimmengewirr, dieses Ereignis war von großer Bedeutung. Wieder gab der Kaiser das Zeichen zur Ruhe und erklärte: „Ich bitte jetzt die Offiziere zu bleiben, damit wir den Ablauf besprechen, die Verwaltung wird danach in Kenntnis gesetzt. Die drei Legionäre der Neunten, die mit ihrem Leben davongekommen sind, unterstelle ich der Obhut von Romulus." Nach einem langen Gespräch begab sich Romulus nach Hause mit einer Liste voller Neuigkeiten. Am dritten Tag nahm der Kaiser Abschied von Mogontiacum und Romulus übernahm die Legionsgeschäfte, wie mit Trajan vereinbart war. Als erstes bezog er mit seiner Familie das Prätorium, es war die vorgesehene Wohnung eines jeden Legatus.

Da Claudia in dem ursprünglichen Haus bleiben wollte, erklärte sich Amilius bereit, hier ein Zimmer zu nehmen, er konnte die Frau seines besten Freundes nicht allein lassen. Außerdem hatte er sich in Claudia verliebt und hoffte, dass sie ihn eines Tages erhörte, wenn ihr Schmerz über den Tod von Rufus nachgelassen hatte. Durch die Übernahme von Rufus Centurie stand auch er in Verantwortung und drillte seine Männer regelmäßig für die nächsten Kampfeinsätze.

Der December kündigte sich mit reichlich Schnee an, auch war teilweise der Rhenus zugefroren. Romulus stand fröstelnd am Fenster und beobachtete das Treiben im Lager. Der Rückhalt seiner Legionäre war ihm schon zugetragen worden. Marcus stand neben ihm: „Es wird Zeit, dass du den Fortschritt am Grenzwall begutachtest. Wir hatten gutes Wetter, um die Arbeiten zügig voranzutreiben, auch weil bis Anfang December kein Schnee gefallen ist. Mit den Arbeiten stehen wir ungefähr fünf Meilen vor dem Kastell [1]Alinensium. Hier soll ja der Grenzwall vorerst enden."

„Morgen reiten wir an den letzten Abschnitt", meinte Romulus, „ ich muss mir die Sache vor Ort ansehen. In Gedanken nehmen wir Rufus mit, er hatte auch einen großen Anteil an der Errichtung dieser Grenzschneise." „Wir sind alle traurig über seinen Tod, aber die Götter fragen uns nicht nach unseren Wünschen", meinte Marcus, „wir werden ihn in guter Erinnerung behalten." „So sei es", seufzte Romulus. Er nahm sich mehrere Tage Zeit für die Kontrolle und war zufrieden, mit dem was er sah. Den Abschluss bildete der Besuch bei dem Kohortenführer Gaius in Alinensium. Dieser wirkte sehr betroffen, als er vom Tod ihres Freundes Rufus hörte. Romulus gab ihm den Auftrag, nach Fertigstellung der Grenze mit einem Teil seiner Männer diese abzusichern und die Wachtürme zu besetzen. Der Auftrag kam von Kaiser Trajan persönlich.

Im darauf folgenden Frühjahr waren die Arbeiten abgeschlossen und die Menschen jenseits der Grenze waren dankbar, jetzt in Frieden zu leben.

Auf Romulus kam nun als Legat viel Arbeit zu. Zum einen war er zuständig für die Absicherung am Rhenus und den neuen Grenzanlagen. Zusätzlich war ihm von seinem Kaiser aufgetragen worden, eine Verwaltungseinheit in Mogontiacum zu errichten, die für das Gebiet Obergermanien zuständig war. Um seine Arbeit besser zu bewältigen, erhob er Marcus in die Stellung eines Militärtribuns und er verfügte dann zusammen mit Octavianus über zwei Tribune, die ihm einiges an Arbeit abnahmen. Es herrschte schon längere Zeit Frieden

---

[1] römischer Name von Bad Wimpfen

in Obergermanien und darum hatte er sich vorgenommen, mit seiner Familie in den Sommermonaten seine Schwiegereltern und die Umgebung von Pompeji aufzusuchen. Er war es seinem Vater schuldig, das Grabmal zu vollenden.

An einem sonnigen Frühlingstag stand er in der Principa am Fenster und beobachtete das rege Treiben im Lager. Er machte eine kurze Pause, nachdem er mit dem Praefectus Publius die Lagervorräte besprochen hatte. Da sah er seinen Freund Marcus mit eilenden Schritten auf die Principa zukommen. Das bedeutet nichts Gutes, dachte er bei sich und ging zur Tür, um seinen Freund einzulassen.

„Ich habe eben von reisenden Händlern gehört, dass der Vicus [1]Cruciniacum in den letzten Tagen immer wieder von aufständischen Vangionen attackiert wird“, teilte er Romulus mit, als er den Raum betrat. „Das ist keine gute Nachricht“, meinte Romulus, „zur Zeit habe ich Amilius dort mit seiner Centuric stationiert, weil es in der Vergangenheit zu Diebstahl von Getreide kam, welches für unser Lager bestimmt war.“ „Was wirst du in diesem Fall unternehmen?“, fragte Marcus. „Die Verwaltung fällt mir am Anfang schwerer wie das Kämpfen, darum reite ich selbst nach Cruciniacum und nehme Silvanus mit seiner Kohorte mit. Diese Abwechslung tut mir gut, ich muss mir mal wieder frische Luft um die Nase wehen lassen. In meiner Abwesenheit führst du gemeinsam mit Octavianus hier die Geschicke weiter, ihr seid ja in alles eingeweiht.“ „Du kannst dich auf uns verlassen“, war der Kommentar seines Freundes.

Gegen Mittag ritt Romulus mit seinen Männern in Cruciniacum ein, weit und breit war kein Feind zu sehen. Er begab

[1] Bad Kreuznach

sich gleich zu Amilius, der sich mit seiner Centurie in einem alten Erdkastell inmitten des Vicus befand. „Gut, das Verstärkung kommt“, meinte Amilius, „ich kann von hier aus keine Verfolgung aufnehmen, weil sonst die Bewohner ohne Schutz sind. Die Überfälle finden immer nachts statt, tagsüber ziehen sie sich in die umgebenden Wälder zurück. Keiner weiß, welche Absichten diese Vangionen haben. Aber es könnte mit den Getreidelieferungen nach Mogontiacum zusammen hängen.“ „Das werden wir herausfinden“, meinte Romulus, „wir nehmen heute noch die Fährte auf und ergreifen sie.“ „Dann folgt dem Fluss [1]Nava in südliche Richtung“, sprach Amilius, „dahin hat man sie im Morgengrauen flüchten sehen, nachdem wir sie abwehren konnten.“

Sofort brach Romulus mit seinen Männern auf und folgte dieser Richtung. Nach kurzer Zeit erhob sich ein hohes Felsmassiv zu beiden Seiten, hier mahnte er zur besonderen Vorsicht, Pfeile von oben würde unter ihnen ein Verlust an Leben bedeuten. Aber nichts dergleichen geschah und erleichtert ritten sie weiter. Der Nachmittag war angenehm warm durch die strahlende Frühlingssonne, die hoch am wolkenlosen Zenit stand. Zu beiden Seiten am Fluss blühte die Natur zu dieser schönen Jahreszeit. Aber der Feind musste gefunden werden, um die Überfälle zu beenden. Hier und da lagen die Exkremente von Pferden, die Fährte war noch frisch. An einer Flussbiegung nahmen sie einen einzelnen Reiter wahr, der sofort seinem Pferd die Sporen gab und um die Biegung verschwand. Romulus nahm umgehend die Verfolgung auf, nach kurzer Zeit sahen sie in der Ferne einen großen Trupp Reiter, die auf einen Höhenrücken im Galopp zuhielten, der sich an

[1] die Nahe

der Mündung eines Nebenflusses befand. Die Vangionen hatten wohl die Überzahl ihrer Verfolger erkannt und suchten ihr Heil in der Flucht. Die Hatz ging jetzt weiter durch hügliges Gelände, welches die Verfolgung erschwerte. Bei Einbruch der Dunkelheit lies Romulus ein Lager in einem Flusstal aufschlagen, in der Nacht war die weitere Verfolgung nicht möglich. Während die Legionäre mit dem Aufbau eines Lagers beschäftigt waren, stieg Romulus eine kleine Anhöhe hinauf, gefolgt von seinem Kohortenführer Silvanus. Oben angekommen, setzten sich beide ins Gras und schauten dem Treiben ihrer Männer zu.

„Noch ein, zwei Tage“, begann Silvanus, „dann werden wir den Feinden im Kampf gegenüberstehen, sie werden uns nicht entkommen. Morgen früh nehmen wir die Fährte wieder auf.“ „Das Gleiche denke ich auch“, meinte Romulus, „aber sieh dir mal dieses schöne Flusstal an. Auf der anderen Seite des Tales kann man im Mondlicht eine Felsformation erkennen, die am Beginn einer Anhöhe steht und hier, wo wir sitzen, könnte man einen schönen Gutshof errichten.“

„Wie kannst du im Moment nur solche Gedanken führen, da wir im Begriff sind, unsere Feinde zu verfolgen?“

„Ich denke schon geraume Zeit daran, was ich mit meinem Leben anfange, wenn mein Dienst zu Ende ist. Mittlerweile liebe ich diese raue Natur und möchte hier begraben werden. Mein altes Zuhause in Pompeji ist unwiederbringlich verloren und deshalb habe ich dieses Kapitel abgeschlossen.“

„Im Gegensatz zu dir ist mein Zuhause in Rom und dort werde ich im Alter den Rest meines Lebens verbringen. Ich vermisse die Besuche im flavischen Amphitheater und das angenehme Leben in der Stadt.“

„So hat jeder seine Ansichten", meinte Romulus, „aber lass uns jetzt ins Lager gehen, morgen müssen wir ausgeruht sein."

Am frühen Morgen folgten sie weiter der Fährte, es hatte den Anschein, dass sie absichtlich hinterlassen wurde. Romulus vermutete einen Hinterhalt und ließ nach allen Seiten absichern. Nach einigen Stunden sahen sie in der Ferne ein hohes Gebirgsmassiv auftauchen, die Spur führte geradewegs dahin. Da Romulus schon lange Jahre seinen Dienst in Obergermanien verrichtete, erinnerte er sich an die Revolte von Saturnius, betreffend dieses Bergmassivs, das dem germanischen Donnergott geweiht war. Hier bestand eine Wallanlage der Germanen, die aber vor über fünfzig Jahren aufgegeben wurde. Jetzt erkannte er das Vorhaben seiner Feinde, die die gleiche Idee hatten, wie damals der abtrünnige Statthalter Saturnius. Er ließ am Fuß des Berges absitzen und setzte sich mit seinen Offizieren zusammen, um einen Plan für die Erstürmung der Wallanlage zu besprechen. Durch die Sonnenstrahlen hatte er das Glitzern von Schwertern auf dem Bergmassiv entdeckt und war sich seiner Sache sicher.

„Wir haben drei [1]Skorpionen auf unseren Packpferden", sprach Silvanus, „wenn wir die gezielt einsetzen, können wir den Wall durchbrechen."

„Das war auch mein Gedanke", antwortete Romulus, „wir kreisen die Vangionen ein und belagern sie so lange wie möglich. Der Abstand zum Wall sollte eine achtel Meile betragen und mit unseren Skorpionen muss jede Bewegung hinter dem Wall beschossen werden. Das wird sie vorerst zermürben. Bei passender Gelegenheit stürmen wir dann." Bei den Offizieren

---

[1] große Pfeilgeschütze, die von Scharfschützen bedient wurden

herrschte volle Zustimmung und der Aufstieg begann. Die Nachmittagssonne blendete ihre Augen, wodurch der Gipfel schemenhaft zu erkennen war. Nach einiger Zeit schwirrte ein Pfeilhagel von oben herab, aber der Feind hatte sich in der Weite verrechnet und somit richtete der Angriff keinen Schaden an. Jetzt war endgültig bewiesen, dass Romulus mit seiner Einschätzung richtig lag und unter aller Vorsicht kreisten seine Männer den Wall ein. Jetzt kamen sie aber in die Reichweite der Pfeilgeschosse und prompt wurden drei Legionäre tödlich getroffen. Ihre Leichtsinnigkeit, nicht jede Deckung zu nutzen, wurde ihnen zum Verhängnis. Der Anstieg wurde mühevoller, auch wegen der Skorpionen, die von den Legionären getragen wurden. Am späten Nachmittag erreichten Romulus Männer die abgesprochenen Positionen und die Skorpione kamen in Stellung. Trotz zunehmendem Pfeilhagel war keiner mehr getroffen worden, der Anblick der drei Toten hatte sie noch vorsichtiger werden lassen. Die Schützen an den Skorpionen nahmen jetzt jeden Feind ins Visier, der sich hinter dem Wall aufrichtete, um seine Pfeile zu verschießen. In kurzer Zeit kamen etliche Vangionen um ihr Leben, weshalb sie ihre Pfeilschüsse einstellten. Romulus Männer lagen jetzt in sicherer Stellung und könnten so tagelang ihre Positionen halten. Er kam zu der Erkenntnis, wenn er nichts unternahm, dass die Belagerung zu lange dauern würde und er nicht die Zeit dafür hatte. Er wurde in Mogontiacum erwartet. Darum ließ er seine Offiziere kommen und teilte ihnen seinen Entschluss mit.

„In dieser Situation kommen wir nicht weiter. Heute Nacht stürmen wir den Wall und suchen die Entscheidung. Durch unsere Überzahl ist mit einem Sieg zu rechnen. Schärft euren

Männern ein, dass sie sich ohne Rücksicht auf den Feind werfen und jeden niedermetzeln!“

„Wie sollen wir vorgehen?“, erhob Silvanus das Wort, „das Ganze muss gut vorbereitet sein.“

„Ihr sucht die erfahrensten Männer aus, die sich auf mein Zeichen um die Wachen kümmern, den Rest erledigen wir anschließend“, sprach Romulus, „der Ruf einer Eule nach Erledigung der Wachen ist das Zeichen zum Angriff !“

Die Befehle wurden umgehend an alle Männer weitergegeben. Sie warteten nun ungeduldig auf den Anbruch der Nacht, jeder war mit den Gedanken beschäftigt, den Angriff zu überleben. Das Glück stand auf ihrer Seite, der sichelförmige Mond sandte nämlich wenig Licht auf die Erde und der Himmel war zudem mit Wolken behangen. Jetzt gab Romulus den Befehl, die Wachen auszuschalten. Die Legionäre krochen von allen Seiten geräuschlos auf die Wallanlage zu. Sie konnten den abgestellten Wachen ohne einen verdächtigen Laut mit einem Messer die Kehlen durchtrennen. Romulus erkannte von einem erhöhten Felsen die Beseitigung der Wachen und stieß einen Eulenschrei aus. Seine Männer gehorchten und stürmten in vollem Lauf mit erhobenen Schildern und gezückten Schwertern auf die Wallanlage zu. In diesem Moment erkannten die Vangionen die tödliche Gefahr, aber der Moment des Schreckens ließ sie zu langsam zu den Waffen greifen. Sie schossen noch schnell ihre Pfeile auf die anstürmenden Legionäre, aber diese blieben erfolglos in den erhobenen Schildern der Römer stecken. Diese sprangen jetzt rundum über den Steinwall und hieben mit ihren Schwertern auf die überraschten Vangionen ein. Durch die Übermacht von Romulus Männern war es ein kurzer Kampf, sie kannten keine Gnade und der Tod hielt ganze Ernte unter den Feinden. Nur einer von ihnen lag schwer verletzt unter den Toten. Silvanus hielt seine Männer davon ab, ihm den Todesstoß zu versetzen. Er hatte erkannt, dass dieser Vangione wegen seines Aussehens und seiner Kampfeskraft etwas besonderes sein musste. Er rief Romulus, der immer noch auf dem Felsen stand, zu sich.

„Ich denke", begann er, „dieser Mann scheint etwas Besonderes zu sein. Er kämpfte wie ein Riese, nur mehrere Legionäre konnten ihn zu Fall bringen. Außerdem ragt er mit seiner Kleidung von den anderen hervor." Romulus sprach den schwer Verletzten an und bekam erstaunlicher Weise Antwort in lateinischer Sprache: „Ihr Römer solltet hier in eurem Blute liegen. Das ganze Land ächzt unter euren Steuern und Willkür und jeder, der sich nicht beugt, kommt in die Sklaverei. Wir schaden euch, indem wir eure Getreidelieferungen abfangen und unserem Volke geben. Ich bin Ulik, der Anführer meines Stammes und wir werden ….." In diesem Moment kam ein großer Blutschwall aus Mund und Nase und er schloss für immer seine Augen.

Romulus wurde sehr nachdenklich über die Sichtweise des Feindes, aber es war Zeit, für den Rest der Nacht ein Lager aufzuschlagen, die toten Feinde wurden außerhalb der Wallanlage abgelegt. Außer leichten Verletzungen, die bei einigen Legionären behandelt wurden, war keiner zu Tode gekommen.

Frühmorgens gab Romulus das Zeichen zum Aufbruch, er wollte so schnell wie möglich nach Mogontiacum zurück. Unterwegs machte er Halt in Cruciniacum und klärte Amilius über die verschwundenen Getreidelieferungen auf.

In der Principa im Legionslager wurde er schon von Octavianus und Marcus erwartet. Nach einer kurzen Lagebesprechung eilte Romulus in seine Wohnung, um seine Familie zu begrüßen. Flavia war überglücklich, ihren Mann gesund wieder zusehen, auch seine Söhne jauchzten vor Freude. „Heute Abend laden wir unsere Freunde zum Essen ein“, sprach Romulus nach den Umarmungen überschwänglich, „der heutige Tag muss gefeiert werden. Dann werde ich auch die Richtung vorgeben, wie es in der nahen Zukunft weitergeht.“

Flavia sah ihn fragend an aber wollte sich bis zum Abend gedulden. Nachdem die Einladungen noch rechtzeitig zugestellt waren, füllte sich das Haus am Abend mit den Gästen. Amilius war auch anwesend, mittlerweile war er mit Claudia mehr als nur freundschaftlich verbunden. Sie hatte eine starke Schulter nach dem Tod von Rufus gesucht und bei beiden spross ein zartes Pflänzchen der Liebe. Flavia hatte die Zeit genutzt, mit ihrer Sklavin ein Abendmahl herzurichten. Es gab [1]Lucanische Würste, numidisches Huhn, Miesmuscheln in Wein und zum Nachtisch Datteln in Honig. Dazu reichte Flavia den köstlichen Mulsum. Die Gäste waren begeistert von der schmackhaften Zubereitung und Flavia wurde von ihnen mehrmals gelobt.

---

[1] Rezepte siehe Seite 211

Die Suche nach Pompeji

Nach dem Dessert begann Romulus mit seiner Rede: „Ich habe Flavia vor kurzem versprochen, das wir ihre Eltern in Rom besuchen und während dieser Reise beabsichtige ich auch, mein altes Pompeji aufzusuchen, um dann das Grab meines Vaters zu vollenden. Nie hätte ich mir träumen lassen, als Legat meine militärische Laufbahn zu beenden, denn mehr kann ich auf Grund meines Standes nicht erreichen. Nach dem Ende meiner Dienstzeit in vier Jahren lasse ich ein Landgut errichten, den Platz dafür habe ich vor einigen Tagen gefunden. Ich danke auch unserem Kaiser Trajan, der mich als Freund betrachtet und mir vieles anvertraut hat."

Marcus unterbrach nach kurzer Zeit das anschließende Schweigen: „Wie soll es während deiner Abwesenheit im Legionslager weitergehen, es steht ja viel an Arbeit an? Stadtgründungen und Sicherung des Grenzwalls sind vorrangig, wie uns der Kaiser aufgetragen hat." „Du und Octavianus habt während meiner Abwesenheit gute Arbeit geleistet, deshalb setze ich euch für die Zeit meiner Reise nochmals auf diese Posten", antwortete Romulus, „Einzelheiten werde ich noch mit euch besprechen." An diesem Abend wurde Romulus noch mit vielen Fragen bestürmt, er blieb keine Antwort schuldig. Am Schluss gab Ursus ihm noch einige Aufträge für Artemis mit, die beiden Alten waren geschäftlich sehr verbunden.

Der Tag der Abreise rückte näher und Romulus besorgte einen Reisewagen für Flavia und die Kinder, auf Pferden konnte er ihnen die Strapazen nicht zumuten. An einem sonnigen Frühlingsmorgen ging die Reise los. Romulus zeigte Flavia unterwegs noch mal die Stelle, wo er Ursus zu Hilfe kam, als dieser von einer Horde Germanen überfallen wurde. „Ein Glück, das wir auf diese Art ihn und seine Familie kennen gelernt haben“, meinte Flavia, „durch diesen Umstand hat mein Bruder seine Liebe gefunden und wir zusätzlich liebe Menschen.“ Die Fahrt ging weiter, auf der Strasse waren viele Reisende unterwegs, die sich alle sicher fühlten, seitdem an den neuen Grenzanlagen patrouilliert wurde. Romulus übernachtete in den Mansios, die er von früheren Reisen her kannte. Die Fragen seiner Söhne nahmen kaum ein Ende. Für sie war es die erste große Reise und alles war neu für sie. Er klärte sie auf, so gut er konnte und sie gaben sich damit zufrieden.

Nach zwanzig Tagen rollte ihr Wagen nachmittags durch das Stadttor Aurelia in Rom ein und kurze Zeit später gelangten sie zu der Stadtvilla von Artemis. Groß war die Freude, als er und seine Frau Sabina der Neuankömmlinge gewahrt wurden. Die Küsse und Umarmungen wollten kein Ende nehmen, bis Artemis alle in das Triclinium bat, hier sollte dann auch das Abendessen serviert werden.

„Ich bin unheimlich stolz auf dich“, begann Artemis, „bis Rom hat sich rum gesprochen, dass du mittlerweile zum Legat von Mogontiacum befördert worden bist. Die Mächtigsten in der Stadt kennen nun deinen Namen und auch deine Freundschaft zu unserem Kaiser Trajan ist hier bekannt. Ich werde immer wieder darauf angesprochen und auch meine Geschäfte sind dadurch mehr geworden. Du hast unserer Familie eine große Ehre beschert.“ „Ich danke dir für dein Lob“, antwortete Romulus, „mein Ziel war es immer, das Beste aus meiner Situation zu machen. In ein paar Tagen möchte ich mit Flavia nach den Ruinen von Pompeji aufbrechen, um das Grab von meinem Vater zu vollenden. In dieser Zeit würde ich Marcus Julius und Marcellus in deiner Obhut wissen." „Das wird uns eine große Freude sein", sprach Artemis, „wir sehen unsere Enkel sowieso ganz selten, sie sind bei uns in guten Händen. Von einigen Händlern aber habe ich gehört, das Pompeji nicht mehr existiert, du wirst sicher nur noch hier und da ein paar Mauerreste finden." „Ich werde es herausfinden", meinte Romulus.

Da Flavia auch eine gute Reiterin war, brach Romulus am vierten Tag auf. Mit einem zusätzlichen Packpferd war die anstehende Reise gut zu bewältigen. Nach drei Tagen, die Reise war bis jetzt gefahrlos verlaufen, gewahrte Romulus in der Ferne das Landgut, wo er damals nach seinem Aufbruch ein Reitpferd von dessen Besitzer abkaufte. „Wir statten dem Landgut einen Besuch ab", sprach Romulus, „da können wir sicher erfahren, wie es um die Gegend von Pompeji bestellt ist." Nach einer Viertelstunde ritten sie durch das Tor und fragten einen Sklaven nach dem Hausherrn Ägidius. Dieser führte sie in das Vestibilum, wo nach kurzer Zeit Ägidius auftauchte. Fragend betrachtete er das Paar, bis Romulus sprach: „Wenn du dich erinnern kannst, ich habe vor vielen Jahren bei dir ein Pferd gekauft, als ich aus dem zerstörten Pompeji geflohen bin." Ägidius, mittlerweile ein alter Mann, überlegte längere Zeit, dann erhellte sich sein Gesicht: „Ja, natürlich fällt es mir jetzt wieder ein, du warst damals noch ein junger Mann." Nachdem Romulus sich nach dem Zustand der Gegend erkundigt hatte, erklärte Ägidius: „Da steht kein Stein mehr auf dem anderen, da findest du nur noch Bäume und Sträucher. Zurzeit lassen Hirten ihre Schafe auf den Flächen weiden. Auch habe ich meine große Kundschaft in diesem Gebiet verloren, wo keiner lebt, kann auch keiner kaufen."

Romulus bedankte sich für die Auskünfte und ritt mit Flavia in die Richtung, wo er das Landgut seines Vaters vermutete.

Gegen Abend erreichten sie ungefähr die Stelle, aber in der anbrechenden Dunkelheit war nichts von einem früheren Gut zu erkennen. Sie errichteten sich ein Nachtlager um dann morgen in aller Frühe nach Ruinen und dem Grab zu suchen. Während sie nebeneinander lagen und in den sternklaren Himmel schauten, fragte Flavia „Was fühlst du in deinem Herzen, wenn du auf heimatlichen Boden liegst und an deine Jugend denkst, die du hier verbracht hast?“

„Mein Herz springt abwechselnd in Leid und Freude, wenn ich zurückdenke. Ich habe hier eine großartige Jugend ohne Sorgen verbracht aber auch meine ganze Familie und meine Heimat verloren. Es macht mich unheimlich traurig, dass ich es nicht ungeschehen machen kann. Die Götter hatten etwas anderes mit mir vor. Aber ich habe in dir meine große Liebe gefunden und viel erreicht.“ Flavia nahm ihn zärtlich in die Arme und bedeckte sein Gesicht mit Küssen, um ihn zu trösten. Dann liebten sie sich in der sternklaren Nacht, als wenn es keinen Morgen mehr geben würde.

Die warmen Strahlen der Morgensonne weckte sie aus ihrem tiefen Schlaf und nach wenigen Bissen am trockenen Brot machten sie sich auf die Suche. An Essen war jetzt durch die Aufregung nicht zu denken. Nichts erkannte Romulus wieder, alles war wie mit einem Leichentuch zugedeckt. Plötzlich entdeckte er in einiger Entfernung eine Baumgruppe, dazwischen die Reste von kleinen eingestürzten Säulen. „Da ist es, das Grab meines Vaters!“, rief er Flavia zu und rannte mit voller Zuversicht auf diese Stelle zu. Flavia kam um Puste ringend zu ihm und gemeinsam Hand in Hand standen sie vor den wenigen Trümmern, die die Zeit hinterlassen hatte. Nachdem sich Romulus gefangen hatte, räumte er die Trümmer weg und sah dann auf die Steine, mit denen er damals seinen Vater zugedeckt hatte. Es war noch alles so, wie er es verlassen hatte. Die Kammer in der Erde war noch unberührt und er beschloss, nur die Grabplatte, die er zwischen den Bäumen finden konnte, auf die Kammer zu legen. Mehr war unter diesen Umständen nicht zu machen. Die schwere Platte zog er mittels eines der Pferde auf die Kammer und setzte rechts und links kleine Pinienbäume, die er in der Nähe mit Wurzeln aus der Erde zog.

„Vater, es tut mir leid", sprach er nach Vollendung seiner Arbeit, „ich hätte dir gern dein Grabmal nach alter Tradition hergerichtet, aber hier gibt es nur noch eine Steinwüste, alles von unserem ehemaligen Landgut ist dem Vesuvioausbruch zum Opfer gefallen, es steht kein Stein mehr auf dem anderen. Aber ich vergesse unsere Heimat nicht, in Gedanken werde ich immer bei dir sein." Flavia nahm wieder seine Hand und gemeinsam trauerten sie eine lange Zeit am Grab. Endlich gab Romulus das Zeichen zum Aufbruch. Die Rückreise verlief durch Capua, über die Via Appia nach Rom zurück.

Auf der Via Appia war zu dieser Jahreszeit Hochbetrieb. Viele Händler mit ihren Karren reisten zu ihren Abnehmern wie Landgütern und anderen Warenumschlagplätzen. Auch kam ihnen eine Kohorte entgegen, deren Ziel den Beiden unbekannt war. Das Klappern der Sandalen beschrieb ein Geräusch, welches Romulus nicht unbekannt war. Viele Meilen zog er wegen seiner Feldzüge unter ähnlichen Umständen über befestigte Strassen.

Sie verbrachten die Nächte in den Mansios, die gleich neben der Via Appia lagen. Am letzten Abend ihrer Reise sprach Romulus während des Essens: „Bei unserem letzten Abend in Mogontiacum erwähnte ich meinen Wunsch, wo wir uns zur Ruhe setzen sollten. An der besagten Stelle würde ich gerne ein Landgut errichten, in kleinerer Form nach dem Abbild meines zerstörten zuhause bei Pompeji, wie denkst du über mein Vorhaben?“ „Wenn es dein Wunsch ist, folge ich dir überall hin“, antwortete Flavia, „wichtig ist mir, dass wir zusammenbleiben bis ans Ende unserer Tage.“ Diese Aussage ließ das Herz von Romulus höher schlagen, deshalb umarmte er seine Frau vor allen Gästen in der Tabernae, die fragend zu dem Paar rüberschauten. Nach vier Tagen ritten sie gegen Mittag durch die Porta San Sebestiano und suchten umgehend die Villa von Artemis auf. Dieser kam gleich auf ihn zu und sprach von einem Boten, den Kaiser Trajan gesandt hatte.

„Der Kaiser hat von deiner Ankunft gehört und möchte dich morgen Vormittag in seinem Palast willkommen heißen. Ich habe in deinem Namen zugesagt.“

„Das war auch mein Gedanke, ihn vor unserem Aufbruch aufzusuchen. Die Zeit drängt, ich muss zurück nach Mogontiacum, ein Legat darf nicht allzu lange seiner Legion fernbleiben.“

Am nächsten Morgen brach Romulus zeitig auf um den Palast aufzusuchen. Einige Prätorianer am Palasttor erkannten ihn von früher und meldeten Trajan sein Kommen. Trajan erwartete ihn schon in der großen Empfangshalle und die Begrüßung war freundschaftlich geprägt. Romulus konnte den Neid einiger anwesenden Senatoren erkennen, die mit einer solchen Willkommensgruß des Kaisers nicht gerechnet hatten.

„Lass uns beide in mein Arbeitszimmer gehen“, gab ihm Trajan zu verstehen, „ich möchte einiges mit dir besprechen.“ Hier angekommen, sprach er weiter: „Als Kaiser habe ich mir viel vorgenommen, der Trinkwasserzufluss nach Rom muss gesichert werden, die Ärmsten von Rom will ich unterstützen, eine neue Bautätigkeit schwebt mir vor und auch ein neues Bildungssystem. Aus diesen Gründen musst du dafür sorgen, dass in Germanien weiterhin Frieden herrscht, damit ich in Ruhe hier meine mir gestellten Aufgaben erfüllen kann. Halte die Grenzwälle im Auge und bekümmere dich um die Stadtgründungen, wie ich dir aufgetragen habe!“

„Du kannst dich auf mich verlassen“, antwortete Romulus, „es wird alles so geschehen, wie du mir es aufgetragen hast. Ich werde morgen zurückkehren und mit meiner Arbeit beginnen. Denke an unsere Zeit in Pompeji. Meine jetzige Reise war das Ziel, mit diesem Unglück abzuschließen. Die Leitung in Mogontiacum habe ich für die Zeit meiner Abwesenheit in gute Hände gelegt.“ „Mein Vertrauen zu dir ist groß“, meinte Trajan, „deshalb sehe ich keine Gefahren während dieser Zeit.“

Romulus verabschiedete sich von Trajan mit dem Hinweis für seinen Aufbruch und eilte zu Artemis Villa. Hier bereitete er mit Flavia die Rückreise für den kommenden Tag vor und sie verbrachten dann noch einen schönen Abend im Kreis der Familie.

Nach einundzwanzig Tagen erreichten sie ohne nennenswerte Vorkommnisse Mogontiacum und Romulus eilte gleich in das Principa, um sich über den neuesten Stand zu informieren. „Während deiner Abwesenheit fand nur ein Überfall auf das Erdkastell am Rhenus statt“, begann Marcus mit seinem

Bericht, „aber die Besatzung konnte Schlimmeres verhindern und nur wenige verletzte Germanen sind entkommen. Uns ist nicht bekannt, welches Ziel die Germanen mit diesem unsinnigen Überfall erreichen wollten.“ „Nun, das heißt für uns, das unsere Taktik zum Tragen kommt“, meinte Romulus, „Obergermanien ist als sicher zu bezeichnen. Wenn sonst nichts vorliegt, gehen wir sicheren Zeiten entgegen. Die Grenzwälle aber müssen ständig besetzt sein und wir müssen uns mit dem Aufbau einiger Siedlungen beschäftigen, die Orte lege ich noch fest.“ „Wir sind bereit, mit dir gemeinsam diese Aufgaben zu lösen“, erhob jetzt Octavianus das Wort, „wir werden deine Befehle umsetzen.“

Die darauf folgenden Jahre in Obergermanien waren von friedlicher Natur und Romulus konnte sich voll und ganz den Stadtgründungen widmen. Die Turonen im Osten hatten Wort gehalten und waren ein verlässlicher Partner geworden. Ihr Anführer Ulf weilte regelmäßig in Mogontiacum, um die Zusammenarbeit zu vertiefen. Unter der Leitung von Romulus wurden die Städte [1]Mattiacorum, [2]Lopodunum und Taunensium aufgebaut. Auch bei der Gründung von [3]Ulpia Traijana stand er mit Rat und Tat zur Seite. Amilius und Claudia waren inzwischen verheiratet und Romulus hatte ihnen sein Haus überlassen. Er lebte während seiner Dienstzeit mit seiner Familie im Prätorium, der Wohnung des Kommandanten. In den beiden letzten Jahren seines Dienstes ließ er auf Grund seiner Pläne das besagte Landgut an der Stelle errichten, die

---

[1] Wiesbaden

[2] Ladenburg und Frankfurt Heddernheim

[3] Xanten

er vor einigen Jahren bei der Verfolgung von Vangionen gefunden hatte.

Die angegebenen Personen im Roman

Romulus - Hauptfigur, Sohn von Aulus

Aulus - Vater von Romulus, Gutsbesitzer in Pompeji

Artemis - Schwager von Aulus, röm. Geschäftsmann

Sabina - Frau von Artemis, Schwester von Aulus

Flavia - Tochter von Artemis, Frau von Romulus

Claudia - Tochter von Artemis, Frau von Rufus

Marcus - Sohn von Artemis

Rufus - Jugendfreund von Romulus

Ursus - Gutshofbesitzer Nähe Mogontiacum

Neferet - Frau von Ursus, ägyptische Abstammung

Aurelia - Tochter von Ursus, Frau von Marcus

Marcus Julius - Sohn von Romulus, Geb. 89 n. Chr.

Marcellus - Sohn von Romulus, Geb. 91 n. Chr.

Diomedis - Sohn von Rufus, Geb. 91 n. Chr.

Julia - Tochter von Marcus, Geb. 91 n. Chr.

Amilius - Freund von Rufus

Spurius - Landvermesser

Callistus - Landvermesser

Brandolf - germanischer Heerführer

Gaius - Kohortenführer Bad Wimpfen

Magnus - Bruder von Gaius

Ulf - Bruder von Brandolf

Festina - Frau von Ulf

Ragin - Sohn von Ulf

Caius Caristanius Fronto - Legat der neunten Legion

Gallio - Legionär der neunten Legion

im Legionslager Mogontiacum:

Quintus - Befehlshaber der Legion

Publius - Verwaltungsführer (Praefectus)

Octavianus - Militärtribun

Silvanus - Kohortenführer

Firminus - Kohortenführer

Manius - Centurio

Saturnius - Statthalter, putschte 89 n.Chr. gegen Kaiser Domitian

Kommandanten der Kastelle:

Servius - Saalburg

Lucius - Rheinbrohl

Decimus - Bingen

Clarus - Koblenz

Sextus - Bonn

Friannus - Andernach

Livius - Xanten, ab 99 n. Chr. im heutigen York,

England

Kaiser aus dieser Zeit:

Vespasian - 69-79 n. Chr.

Titus - 79-81 n. Chr

Domitian - 81-96 n. Chr.

Nerva - 96-98 n. Chr

Trajan - 98-117 n. Chr

Kastelle am Rhein (Rhenus)

Vetera II - Xanten, 71 n. Chr. erbaut

Gelduba - Krefeld-Cellep, 71 n. Chr. erbaut

Noavesium - Neuss, 70 n. Chr. erbaut

Colonia Agrippinensium - Köln, 58 n. Chr. erbaut

Bonna - Bonn, 80 n. Chr. in Stein erbaut

Rigomagus - Remagen, 70 n. Chr. in Stein erbaut

Bingium - 50 n. Chr. erbaut

Antunnacum - Andernach, 70 n. Chr. in Stein erbaut

Confluentes - 49 n. Chr. erbaut

Antike Rezepte zu diesen Gerichten

Lucanische Würste: 500 g Feingehacktes mageres Schweinefleisch, 30 g Pinienkerne, 40 ganze und einige zerstoßene schwarze Pfefferkörner, 5 zerstoßene Lorbeeren (oder 10 fein zerstoßene Lorbeerblätter), zerstoßener Kreuzkümmel, Petersilie, Bohnenkraut, Weinraute, Garum, 200 gr. grob gehackter fetter Speck (oder 200 g Schweinefett), 8 Wursthäute (ca. 25 bis 30 cm lang)
Zubereitung: die Kräuter fein hacken und alle Zutaten gut durchmischen. Die Paste in die Wursthäute füllen. Beide Enden abbinden. Entweder in einem Kamin oder über einem Räuchergrill bei schwacher Glut räuchern. Die Glut sollte durch wohlriechende Essenzen (z.B. Lorbeerblätter) angereichert werden. Man isst die fertigen Würste entweder geräuchert oder zusätzlich gekocht oder als Zutat in Eintöpfen.

Numidisches Huhn: bereite das Huhn vor, koche es, wasche es, würze es mit Laser und Pfeffer und grille es. Stoße Pfeffer, Kümmel, Koriandersamen, Laserwurzel, Raute, Datteln und Pinienkerne, gieße Essig, Honig, Garum und Öl dazu und schmecke ab. Wenn es aufgekocht ist, binde mit Stärkemehl, begieße das Huhn damit, streue Pfeffer darauf und serviere.

Für Miesmuscheln: Liquamen, gehackten Lauch, Kümmel, Passum, Saturei und Wein. Mache eine wässrige Mischung und koche die Muscheln darin.

Datteln in Honig: Fülle große oder normale Datteln, nachdem der Kern entfernt ist, mit Nüssen, Pinienkernen oder fülle gemahlenen Pfeffer hinein. Bestreue sie außen mit Salz, brate sie in gekochtem Honig und serviere.

Garum: Das, was für uns heute Fisch- und Sojasoßen beispielsweise in der asiatischen Küche sind, war in der antiken römischen Küche Garum. Garum wurde hergestellt, indem man Fische, zum Beispiel Thunfisch oder Makrelen, im Ganzen, also mit Schuppen und nicht ausgenommen, in einem offenen Becken mit Salzlake vermischt und dann wochenlang der Sonne aussetzt. Das Gemisch wurde dann ausgepresst und mehrmals gefiltert, bis man eine klare, bernsteinfarbene Flüssigkeit erhielt.

Lasersauce: Pfeffer, Feldkümmel, Dill, Petersilie, getrocknete Minze, Sylphium, Gewürzblätter, Mutterzimt, Nardenspitzen, etwas Kostwurz, Honig, Essig und Garum

Anhang

Mogontiacum (auch *Mogontiacum*) ist der lateinische Name der heutigen Stadt Mainz, den diese während ihrer fast 500-jährigen Zugehörigkeit zum Römischen Reich trug. Seinen Ursprung hatte Mogontiacum in dem 13/12 v. Chr. von Drusus erbauten Legionslager, das strategisch günstig auf einer Anhöhe über dem Rhein und gegenüber der Mainmündung an der römischen Rheintalstraße lag.

Die sich rheinabwärts ausbreitenden Zivilsiedlungen *vici* im Umfeld des Lagers wuchsen schnell zu einer größeren, städtisch geprägten Siedlung zusammen. In der heutigen Stadt Mainz sind einige bedeutende Überreste von Mogontiacum erhalten geblieben, beispielsweise das römische Bühnentheater, die Große Mainzer Jupitersäule, der Drususstein und die Römersteine, Überreste des Aquäduktes des Legionslagers. Das Römisch-Germanische Zentralmuseum, das Landesmuseum Mainz und das Museum für Antike Schifffahrt bewahren eine Vielzahl von Funden aus der römischen Zeit von Mainz auf.

Die **Vangionen** (auch **Wangionen**, lateinisch Vangiones, seltener Ouargiones oder Quargiones) waren ein Volksstamm mit ungeklärter sprachlicher, kultureller und ethnischer Zugehörigkeit, der in der Gegend um die heute rheinland- pfälzische Stadt Worms ansässig war; sie waren entweder den Kelten oder den Germanen zuzurechnen.

Bad Kreuznach Bereits im 5. Jh. v. Chr. ist auf der heutigen Gemarkung die Existenz einer keltischen Siedlung belegt. Um das Jahr 58 v. Chr. wurde das Gebiet Bestandteil des römischen Reiches, es entstand ein römischer Vicus, angeblich benannt nach dem Kelten *Cruciniac*, der den Römern einen Teil seines Landes für die zu errichtende Versorgungsstation zwischen Mainz (Mogontiacum) und Trier (Augusta Treverorum) überließ. Um das Jahr 234 erfolgte der Bau eines großen, in seinen Abmessungen von 81 m × 71 m nördlich der Alpen einzigartigen und ebenso luxuriösen Palastes im Stil einer Peristylvilla, welche alleine im Erdgeschoss 50 Räume umfasste. Die Funde sind heute im Museum Römerhalle ausgestellt. Spolien, die nahe der „Heidenmauer" gefunden wurden, lassen darauf schließen, dass es ein Mercurius- und Maia-Heiligtum und ein damit verbundenes gallo-römisches Provinztheatergab. Auch der Kult der Kybele in der Siedlung ist belegt.

Die **Chatten** (Aussprache: Katten; lateinisch: *Chatti* und *Catti*, griechisch: Χάττοι, Χάτται) waren ein germanischer Volksstamm, der im Bereich der Täler von Eder, Fulda und des Oberlaufes der Lahn seinen Siedlungsschwerpunkt hatte, was zu großen Teilen dem heutigen Niederhessen und Oberhessen entspricht.

Die **Mattiaker** waren ein rechtsrheinischer, für die Römer germanischer Stamm, der im Taunus, der Wetterau sowie im Gebiet des heutigen Wiesbadens siedelte, wie der antike Name der Stadt (Aquae Mattiacae) bezeugt.

Die **Bataver** (Aussprache: baːtavɐ oder baˈtaːvɐ; lateinisch Batavi, veraltet auch Batavier) waren ein westgermanischer Volksstamm. Aufgrund einer stammesinternen Fehde trennten sie sich von den Chatten und siedelten sich um etwa 50 v.

Chr. an der Rheinmündung in der römischen Provinz Belgica an.

Als Turonen bezeichnete man ein altes gallisches (keltisches) Volk in der Provinz Gallia Lugdunensis an der Loire. Die Römer nannten dieses Volk Turones oder Turonii und ihre Hauptstadt Caesarodunum (heute Tours). Auch ein germanischer Stamm führte den Namen Turonen bzw. Touroner. Er siedelte in der Nähe des Marvingischen Stammes, südlich – später südöstlich – der Chatten (Hessen). Dieser Stamm entstand möglicherweise aus einer Vermischung von Germanen mit dort noch lebenden Kelten.

Kastell Marktbreit Zeitlich passt das Lager Marktbreit gut in dieses historische Szenario, seine Größe und repräsentative Ausstattung machen allerdings unwahrscheinlich, dass es lediglich ein Durchgangslager mit kleiner Stammbelegschaft zur Sicherung von Aufmarsch und Versorgung während des Feldzugs war. Vielmehr dürfte die Anlage als militärisches Zentrum nach einer großflächigen Eroberung Germaniens geplant worden sein. So hätten möglicherweise die beiden in Mogontiacum (heute Mainz) stationierten Legionen nach Marktbreit verlegt werden sollen. Dessen geographische Position war durch die Lage am Main und die Anbindung an die nördliche Erweiterung der Via Claudia Augusta sehr günstig für eine längerfristige Beherrschung des Großraumes, gleichzeitig waren die landwirtschaftlichen Bedingungen der Region ausreichend für die ständige Versorgung eines größeren stehenden Heeres. Dementsprechend hat Bernd Steidl angesichts des historischen Hintergrundes vermutet, dass das Lager in der Zeit zwischen 5/7 und 9 n. Chr. errichtet wurde, vermutlich während der Statthalterschaft des Publius

Quintilius Varus (7–9 n. Chr Die Varusschlacht im Jahr 9 n. Chr. bedeutete aber einen herben Rückschlag für die römische Expansionspolitik in Germanien und spätestens um 16 n. Chr. wurden die in Marktbreit stationierten Truppen in das weiter westlich gelegenen Lager Mogontiacum am Rhein zurückgeführt.

Das **Kastell Saalburg** ist ein auf dem Taunuskamm nordwestlich von Bad Homburg vor der Höhe gelegenes ehemaliges Kastell des römischen Limes. Das *Kohortenkastell* befindet sich unmittelbar westlich der heutigen Bundesstraße 456, etwa auf halbem Wege zwischen der Stadt Bad Homburg vor der Höhe und der Gemeinde Wehrheim im Hochtaunuskreis. Es gilt als das besterforschte und am vollständigsten rekonstruierte Kastell des Obergermanisch-rätischen Limes, der seit 2005 den Status des UNESCO-Weltkulturerbes besitzt. Im Anschluss an die beiden Erdwerke der domitianischen Kriege wurde gegen das Jahr 90 n. Chr. ein einfaches, nach Norden zum Limes hin ausgerichtetes Holz-Erde-Kastell für einen Numerus errichtet. Ein Numerus war eine Auxiliartruppen-Einheit, die normalerweise aus zwei Zenturien bestand, also eine Sollstärke von etwa 160 Mann hatte. Vereinzelte Funde sprechen dafür, dass es sich bei dem Numerus der Saalburg um einen *Numerus Brittonum* gehandelt haben könnte, also eine Einheit, die ursprünglich in Britannien rekrutiert worden war, aber wirklich gesichert ist diese Vermutung nicht. Die Besatzung des Kohortenkastells, die vermutlich dem Legionskommando in Mogontiacum (Mainz) unterstand, war die *Cohors II Raetorum civium Romanorum*, also eine knapp 500 Mann starke Infanterieeinheit. Die Kohorte hatte ursprünglich in *Aquae Mattiacorum* (Wiesbaden) gelegen und war von dort aus nach einer weiteren Stationierung im Kastell Butzbach schließlich zur Saalburg kommandiert worden.

Das **Kleinkastell Rheinbrohl** war ein römisches Militärlager des Obergermanischen Limes, der im Jahre 2005 den Status des UNESCO-Weltkulturerbes erlangte. Die Fortifikation befand sich auf dem Gebiet der im heutigen rheinland-pfälzischen Landkreis Neuwied gelegenen Verbandsgemeinde Bad Hönningen, in deren Bereich der Obergermanisch-rätische Limes sich von der Flussgrenze des Rheines – dem Niedergermanischen Limes – nach Osten hin lösend, zwischen der Ortsgemeinde Rheinbrohl und der Stadt Bad Hönningen seinen nördlichen Anfang nahm. Das Kleinkastell Rheinbrohl lag am nördlichen Rand des heutigen Gemeindegebietes von Rheinbrohl in unmittelbarer Nähe des Rheins. In antiker Zeit befand es sich hier direkt an einer inzwischen verlandeten Rheinschleife, etwa 200 Meter südlich des „Caput Limitis" (lateinisch "Haupt des Limes"), des nördlichen Beginns des Obergermanischen Limes, dessen Überwachung der Besatzung der kleinen Fortifikation oblag. Der Limes nahm hier auf dem rechten Rheinufer seinen Anfang, gegenüber der auf der linken Rheinseite befindlichen Mündung des Vinxtbaches (von lateinisch: *Ad Fines* = „Bei den Grenzen"), die dort die Grenze zwischen den Provinzen Germania inferior (Niedergermanien) und Germania Superior (Obergermanien) bildete.

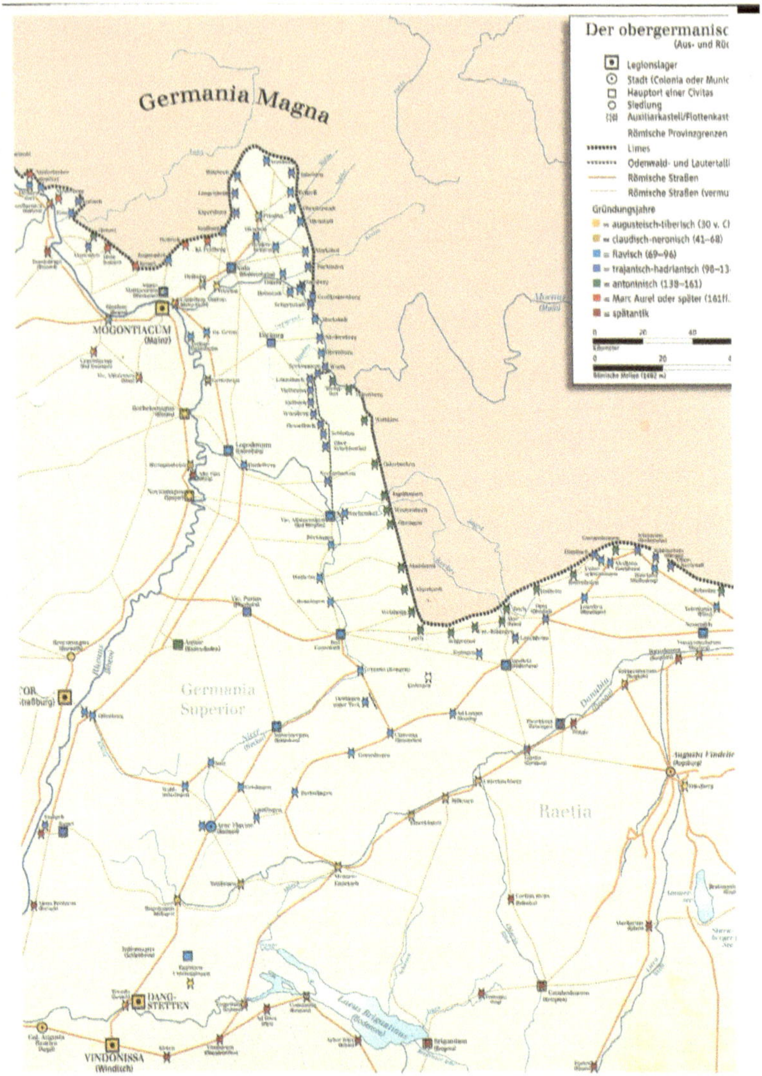

Der obergermanisc
(Aus- und Rüc
Legionslager
Stadt (Colonia oder Munic
Hauptort einer Civitas
Siedlung
Auxiliarkastell/Flottenkast
Römische Provinzgrenzen
Limes
Odenwald- und Lautertall
Römische Straßen
Römische Straßen (vermu
Gründungsjahre
= augusteisch-tiberisch (30 v. C
= claudisch-neronisch (41–68)
= flavisch (69–96)
= trajanisch-hadrianisch (98–13
= antoninisch (138–161)
= Marc Aurel oder später (161ff.
= spätantik
Germania Magna
MOGONTIACUM
(Mainz)
Germania Superior
Raetia
DANG-STETTEN
VINDONISSA
(Windisch)

Der Limes

Die Wege von Romulus durch England

Schicksal der „verschwundenen“ Neunten Legion

Ich habe das Schicksal der neunten Legion in meiner Geschichte um 10 Jahre früher angelegt, sonst hätte der Ablauf nicht gepasst.

Die Neunte Legion Hispana verschwand spurlos aus der Geschichte. Ein neues Buch bestätigt eine alte These. Die 5500 Legionäre marschierten nach Schottland und wurden im „Herz der Finsternis“ aufgerieben.

Die größte Niederlage gegenüber Barbaren erlitten die Römer in Germanien, als Varus im Jahr 9 n. Chr. drei Legionen verlor. Das größte Mysterium ereignete sich aber in Britannien. Dort verschwand die Neunte Legion spurlos – 5500 Soldaten lösten sich quasi in Luft auf. Das Verschwinden der IX Legion Hispana beschäftigt seitdem die Fantasie nicht nur der Briten. In den letzten Jahren kreisten mehrere Filme um das Thema. In „Der Adler der Neunten Legion“ versucht Marcus Flavius Aquila verzweifelt, den Adler wiederzuerlangen, den sein Vater in der Schlacht verlor. In dem blutigen Epos „Centurion“ verfolgt Olga Kurylenko als Kriegerin Etain gnadenlos die überlebenden Legionäre. „Die letzte Legion“ schafft das Kunststück, die verschwundene Neunte mit der Artussage zu verbinden.

Dr. Simon Elliott stellt in einem neuen Buch die verschiedenen Theorien über das Verschwinden zusammen. Er selbst hält die Annahme für wahrscheinlich, dass die Legionäre nach Norden entsandt und dort von wilden Stämmen komplett aufgerieben wurden.

Die Legionen fürchteten die Druiden

Die Eroberung der Insel verlief schleppend. Der große Caesar konnte sie nicht bezwingen. Er landete, es kam zu Kämpfen, doch dann zogen sich seine Truppen zurück. Zurück blieb eine Scheu bei den Legionären vor der unheimlichen Insel, auf der Druiden grausame Rituale praktizierten. Der wahnsinnige Caligula wollte seinen Ruhm mit einem Feldzug krönen, doch bei ihm weigerten sich die Legionen, die Schiffe zu betreten. Das Unternehmen musste abgeblasen werden.

Erst unter Kaiser Claudius wurden große Teile der Insel unterworfen. So kam auch die IX. Legion Hispana im Jahr 43 n. Chr. auf die Insel. Im Jahr 71 gründete sie York als Stützpunkt. Dort wurde sie zum letzten Mal im Jahr 108 auf einem Stadttor erwähnt.

Im Laufe der Zeit gab es mehrere Hypothesen. Etwa, dass die Legion an den Rhein verlegt wurde, dass sie wegen Feigheit aufgelöst wurde oder aber, dass sie bei einem Aufstand in der Nähe von London verloren ging. Sicher ist nur eins: Um 168 wird schriftlich festgehalten, dass die Neunte aufgehört hat zu existieren, sie fehlt in einer damaligen Truppenliste.

Aufstand zur Zeit Hadrians

Dr. Simon Elliott glaubt, dass die einfachste Erklärung meist die Beste ist. Er nimmt an, dass die klassische Theorie zutrifft. Demnach wurden die Männer in Schottland in einen Hinterhalt gelockt und in Stücke gehackt.

Den Norden der Insel konnte das mächtige Rom nie erobern, zu wild waren die Bewohner und zu unwirtlich die Umgebung. Um dauerhaft Fuß zu fassen musste das Imperium in der Lage sein, in der Nähe der Legionslager die übliche Art von Landwirtschaft zu betreiben, damit die Truppen versorgt werden konnten. In einer für die Römer unwirtlichen Einöde konnten Truppen nicht dauerhaft stationiert werden.

Im Jahr 122 n. Chr. wurde die Sechste Legion nach York verlegt. Vermutlich, um die Neunte zu ersetzen. In einer alten Aufzeichnung heißt es, dass damals „die Briten nicht unter Kontrolle gehalten werden konnten." Es kam zu großen Unruhen. Kaiser Hadrian musste Verstärkungen nach Britannien schicken, das zeigen Grabsteine aus der Zeit. Laut Dr. Elliott war die Krise so groß wie beim Aufstand der Kriegerfürstin Boudicca 60 bis 61 n. Chr.. Die kriegerische Frau vertrieb die Römer beinahe von der Insel. Ihre Krieger massakrierten und opferten fast 70.000 römische Siedler, bis ihr Heer vom römischen Statthalter geschlagen wurde.

Kein archäologischer Beweis

Die IX. Hispana hatte die Aufgabe, die nördliche Grenze des römischen Territoriums zu verteidigen. Genau wie im bekannten Kinderbuch „Der Adler der Neunten" nimmt Dr. Elliot an, dass die Legion im heutigen Schottland vernichtet wurde.

Bekannt ist, dass die Truppe schon vorher nur knapp der Vernichtung entgehen konnte. Tacitus berichtet, dass sie in den Jahren 82 bis 83 im Norden einen Feldzug unternahm und ein nächtlicher Überfall auf ihr Lager beinahe zu einer Niederlage geführt habe. Als sie später wieder in ein Gebiet eindrang, das Elliot als „Herz der Finsternis“ bezeichnet, gerieten sie einen Hinterhalt, aus dem sie nicht entkommen konnten. Elliot schreibt: „Alles, was man braucht, ist ein schlechter Anführer, der zur falschen Zeit am falschen Ort ist und die falsche Entscheidung trifft, und plötzlich findet man heraus, dass die Neunte Legion bei schlechtem Wetter entlang der Highland-Grenze marschiert und allmählich von Caledoniern umzingelt ist, die auf Mord aus sind.“

Die Briten verloren gegen die Römer, weil sie sich im offenen Gelände stellten, die Schotten machten diesen Fehler nicht. So eindrucksvoll eine Legion auch ist, die Mannstärke von nur 5500 macht es doch möglich, sie an einer geeigneten Stelle zu fixieren.

In Umgebungen aber, in denen die Legionen nicht in ihren Kampfformationen operieren konnten, war es mit der Überlegenheit schnell vorbei - wie auch der Untergang von Varus zeigt. Der Verlust der Legion dürfte auch der Grund sein, dass mit dem Bau des Hadrianwalls begonnen wurde. Er teilte das Land und sperrte die wilden Stämme vom römischen Gebiet aus.

Zweifel werden auch nach diesem Buch bleiben, denn bislang wurde der Ort der Schlacht nicht gefunden. Mit heutigen archäologischen Methoden ist es sogar möglich, die hastigen Erdbewegungen von Varus Männern beim Schanzen vor ihrem letzten Kampf aufzuspüren. Eine Schlacht, in der 5500 Legionäre fielen, muss solche Spuren hinterlassen haben.